冷泉彰彦

トランプ大統領の衝撃

GS
幻冬舎新書
445

はじめに

サプライズの余韻は、まだ濃厚に残っている。

ドナルド・トランプを第45代合衆国大統領に選出した歴史的な選挙から、まだ日の浅いこの時期に、本書をお届けするというのは異例なことかもしれない。だが、そこには明確な２つの理由がある。

１つ目は、この選挙の結果については、今、このときに掘り下げて分析しておく意味があるということだ。特に、本書の第二部以降の選挙戦の記録については、２０１６年の年初から選挙戦を通じてリアルタイムで書き留めていったものだが、今回の「トランプ当選」という結果を受けて読み返してみると、私自身、鳥肌の立つような戦慄を覚えた。

つまり、トランプの勝因はこの歴史的な選挙戦の中にしっかり現れていたのである。にもかかわらず予想が外れたということへの反省も大事だが、あらためて選挙戦の全体を振り返りながら、この類まれな歴史的事件の分析を、「熱々の湯気の立っている」現時点でやっておくことには意義があると思う。

2つ目は、この選挙結果は、アメリカという独特の文化を抱えた国における特殊な事件ではないということだ。本文でも触れるが、21世紀がどのような時代になるのかという全地球的な、そして深刻な問題に関係した事件であり、仮にそうであるのなら、この結果の出たホヤホヤの時点から多角的な議論が開始されていいし、またされるべきと思われるからだ。

その意味で、本書は選挙後の短い期間で上梓するための「即席の企画」であるとは考えていない。この歴史的な選挙の記録、そして選挙結果を受けた驚きと様々な議論の一種の備忘録として世に問い、多くの方の議論を喚起することを期待したい。

トランプ大統領の衝撃／目次

DTP 美創

登場する人物の肩書きや為替レートは執筆当時のものです。

第一部

トランプ勝利の歴史的意味

時代はどう変わっていたのか

2016年11月8日の長い夜

長い夜だった。

2016年11月8日。

私を含めて多くのアメリカの、いや世界中のメディアや専門家がヒラリー・クリントンの勝利を予想する中、投票は東海岸から順次締め切られ、開票が始まっていった。

開票は順調だった。ニューヨークに設けられた、ヒラリー・クリントンの「勝利集会」会場に集まった支持者たちは、パーティーのように盛り上がっていた。だが、東海岸の多くの州の開票が進むにつれて、「異変」がジワジワと感じられていったのである。

主戦場と言われた「スイング・ステート」（中道州）の多くでは、開票率が95％前後まで進んでも票が拮抗し、当確を打つ勇気のある局は出ない。そんな中、ジリジリと時間だけが経って行く。当初は「全体の当確が出てヒラリーが勝利する」と見られていた東部時間の午後11時を過ぎても、各州の票は膠着状態が続いていたのである。

やがて、開票率98％の時点まで拮抗していたフロリダで、トランプ候補の当確が出た。オハイオもトランプが取った。そこまでは世論調査の想定内だったが、問題はその先だった。ウィスコンシンが共和党の赤い色になったところで、ヒラリー陣営の人々の表情は蒼白となり、集会場はシーンと静まり返ってしまった。

やがて、拮抗していたペンシルベニアの開票が終盤となり、ここでもトランプの当確が出ると、私も含めて誰もが戦慄を覚えた。

この時点で開いていた日本の東京株式市場は、全面安。ほぼ全銘柄が売られる中で９００円以上の下げとなった。ドル／円の為替相場も乱高下を繰り返していた。

そして、ドナルド・J・トランプという政治家として全く未経験の人物が、次期第45代合衆国大統領に就任することが、確定していったのである。

自由主義・民主主義への安易な楽観

私を含めて、アメリカの多くの専門家の予想は完全に外れた。それどころか、直前に出される世論調査のデータも、最終的な投票行動を予測することはできなかった。そのような歴史的な選挙だった。

では、我々は何を間違え、どうして読み違えたのか、それを反省することから、今回の「トランプ勝利」という現象を読み解いてみたい。

大きく4つの「読み違い」を強く感じている。

1つ目の読み違いは、21世紀という時代に対する安易な楽観に溺れていたということだ。アメリカでは黒人が大統領になり、ITなどの先端産業では移民が活躍し、ヨーロッパでは国境の垣根が低くなり、中国は巨大な人口規模を維持しながら社会を成熟化させる。そのような世界で、高度な先端技術によって、人々の生活の利便性が増す。そして大衆情報化社会がもたらすカルチャー現象を、世界中の人々が同じように楽しむ。そんな楽観的なイメージである。

格差の問題やテロリズムの問題、あるいは民主主義へ挑戦的な姿勢を取る一部指導者などの存在はあっても、少なくとも欧米と日本を中心とした自由主義の先進国では、「多様性の確保」と「高度先端技術の進歩」、そしてそのような経済を支える国際分業を伴った「グローバリズム」は、「バラ色の理想」ではないにしても「良きもの」であり、「少なくとも変わることはない」という思い込みがあった。

思えば実に単純な楽観主義なのであるが、これが、その本家であるはずのアメリカで、6000万強という巨大な票と共に否定されてしまった。そのことが予想できなかった読み違いというのは、実に重い。

この6000万強という票の奥には、「知性だけが、知的職業だけが、尊敬される」という先進国モデルへの反発がある。自分たちは少なくとも「額に汗して働いてきた」が、そのような労働はどんどん外国に流れて、国内では知的な労働だけが富と名誉を独占しているという不満だ。

そうした不満がある中で、トランプ次期大統領は「私は教育水準が低い人々が大好きだ」というメッセージを発信し続け、一方でヒラリー・クリントン候補は「ニューエコノミーを実現するために、学び直しの機会を無償提供する」という政策を大真面目で訴え続けた。

では、トランプ支持者が実際に「教育水準が低い」のかというと、決してそうではなかった。教育水準が低いわけではないが、自分は少なくとも最高に知的な人間では「ない」し、知的な先端技術に関わっているのでも「ない」。そのような人々が、トランプのメッセージに吸い寄せられると同時に、ヒラリーの正論には反発を示した。

それが、製造業が斜陽となった「ラスト・ベルト」と言われるオハイオやペンシルベニアなどの中部の票が、予想を上回る勢いでトランプに流れていった理由であろう。

トランプ現象はしばしば「反知性運動」だと形容されるが、それは少し違う。そうではなくて、「知的ではない」自分たちにも「名誉」があるという「異議申し立て」が静かに行われたという面が大きいのではないだろうか。「知的なるものへの敵意」があったり、破壊衝動があったりするわけではないが、その意味合いは大変に重い。

この現象を「知性の足りない差別主義」が蔓延する「ファシズムだ」として、嘆いたり怒ったりしているというレベルの「知性」では、この21世紀を乗り越えていくことはできない。

「比喩」に過ぎなかった「暴言・放言」

2つ目の読み違いは、トランプの主張を「文字通り受け止め」て、「文字通り批判」してしまったということだ。それは、メディアもそうであるし、対立候補のヒラリー陣営もそうであった。

たとえば、トランプの支持層は本当に人種差別を行おうとしたり、排外的な政策を実行してもらいたいと思っているのだろうか。たしかに「不法移民は強制送還」であるとか「メキシコとの国境に壁を作る」といった政策は危険なものだ。トランプ支持者はその主張を支持し続けたし、トランプ自身も一年半の選挙戦を通じて全くブレることがなかった。

ブレない姿勢というと、一般的には「一貫していてよい」と評価されるが、トランプの徹底ぶりはそれを通り越して、奇妙なほどであった。

たとえば、実際にメキシコを訪問してメキシコの大統領から、面と向かってではないにしても、「壁の建設には反対だしカネも出さない」という立場を明確に突きつけられた後も「壁を作る」と言い続け、そのカネはメキシコに負担させると言い、そして支持者は同じように喝采を送っていた。そのブレなさ加減は、明らかに不自然だ。

もう1つ例を挙げると、トランプは「オバマ大統領はアメリカ生まれでない」から「大統領になる資格がない」と言い続けていた。そして大統領が実際に出生証明書を提示しても、他の共和党政治家などが誰も言わなくなっても、この「大統領の出生地疑惑」を言い続けた。そして支持者はそれに喝采を送っていたのだ。

こうした「暴言・放言」の数々に対しては、リベラル派に加えて共和党内の多くも批判を続けていた。「それは不可能だし誤っている」とか「事実でない」という、「正論」による批判が何度も何度も繰り返された。

そして、そのような「事実に反する」あるいは「実行不可能な」暴論を言い続けるトランプとその支持者に対しては、最後には「能力が低い」とか「教育水準が低い」という批判まで行われた。ヒラリーに至っては、「どうしようもない人々だ」という批判まで行っている。

だが、実際はそうではなかったのだ。トランプの暴言・放言は、「文字通り」受け止めるべきものではなかった。あくまで「現状への不満」という感情を表現する「比喩」に過ぎなかったのである。

メキシコとの国境に壁を作るというのは、自分たちが苦労している一方で、不法に越境してくる人々の権利が拡大することへの強い不満に過ぎないし、オバマ大統領の出生地疑惑についても、「自分たち白人グループがついに権力の座から引きずり降ろされた」ことへの鬱積した不満の表現、それ以上でも以下でもなかったのだ。

多くのメディアは、そしてヒラリー陣営は、そのことに全く気づいていなかった。それどころか、一本調子で「正論からの批判」を行い、最後には侮蔑的な言葉まで浴びせた。そこには絶望的な「ボタンの掛け違え」があった。

もちろん、このトランプ陣営の運動方針は正しいことではない。とりわけ、具体的な政策の中身がほとんどないままで政権が選択されたということは深刻な問題である。アメリカという、言葉を大切にして開かれた社会を作ってきた国で、言葉が「象徴的な比喩」として弄《もてあそ》ばれたということの弊害、そして「内輪だけの盛り上がり」を優先することで多様性の実現という「社会性」が否定されたということも、大きな問題である。

だが、そのこととは別に、「比喩」を「真に受けて批判したり怒ったり」していただけの「対抗策」が無残にも敗北したということは、重たい反省材料であろう。

トランプ支持者は貧しくなかった

3つ目の読み違いは、トランプ現象が現状不満層の反乱だとして、その中心は「白人のブルーカラー」だという思い込みをしていたということだ。出口調査によれば実はそうではなく、トランプに投票したのは、たしかに白人男性が中心ではあるが、所得水準としては中から中の上、そして富裕層も多かったという。

実は、本書の第二部以降、つまりリアルタイムでの選挙戦のレポートでは、比較的早期に私自身がこの点を指摘している。だが、選挙戦終盤のカオス状態の中で、「トランプの支持者は教育水準の低いブルーカラー層」だという漠然とした思い込みが広がり、多くのアナリストも、そしてヒラリー陣営の当事者たちも、戦術の狂いを生じていったということが考えられる。

たとえば、今回の勝敗を決定づけた州の1つである、ペンシルベニアの場合、従来であれば、「先に票が開く農業・酪農地帯」が共和党優勢で開票が進み、最後に都市部の圧倒的な民主票で逆転というのがパターンだったのだが、実際には最後の方でトランプ票が怒濤のように出てきた。

つまり、都市圏や近郊圏の中流層の中から、従来とは違う形でトランプ票が出てきたのだ。この点に関しては、オハイオ州の知事で、大統領候補として善戦したジョン・ケーシックは、かねてからトランプ支持者は「決して貧しくはない」のだという指摘をしていた。つまり、本当に貧しかったら再分配を期待して民主党に行くというのだ。

決して貧しくはない、自分は仕事はある、だが、今度クビになったら「次はない」。自分の周囲に失業した人がいる。あるいは自分の属している産業が社会から尊敬されていない。そういった、「今は困ってはいないが、名誉や希望が失われている人」が、トランプ支持者の核になっているのだという。その見立てはデータが証明した。ケーシックの熟知しているオハイオの住民は、まさに、ケーシックを尊敬しつつも、ケーシックが批判し続けたトランプを大差で勝たせている。

オハイオに関して言えば、大統領選のわずか5日前に、メジャーリーグの「ワールドシリーズ最終戦」がオハイオ州のクリーブランドで行われていた。アメリカのプロ野球というのは、どこも「ご当地のファンがほぼ100％」という観客で一杯になるのが通例で、このシリーズでも、カブスの地元であるシカゴでは、スタンドは108年ぶりの優勝を目指す地元ファンで埋め尽くされていた。

だが、クリーブランドの試合では、球場にはクリーブランド・インディアンズのファンだけでなく、シカゴ・カブスのファンも20％ぐらい入っていた。

というのは、シリーズが盛り上がるのに連動して、「再販市場」は過熱してチケットの価格が高騰し、平均で1枚2900ドル（約30万円）になった。そんな中、イリノイ州のカブスファンが、クリーブランドのインディアンズのファンから、「カネの力」でチケットを奪っていったのだ。要するにオハイオの経済力では球場を埋めることができず、イリノイの経済力に屈したということだ。

そしてそのオハイオの人々は、結果的にトランプという選択をした。貧困層ではなく、中間層から富裕層までが動いたということでは、考えてみると、前々回の2008年にオバマが大勝した選挙においてもそうであった。黒人層はもちろん圧倒的な支持を示したが、白人の中間層もそのようなオバマの「新鮮さ」に引き寄せられて投票するという動きがあった。今回もそれと同じであって、ある種の「トレンドに敏感」であったり、その時代状況における「自分なりの正義感」から、今回はトランプに入れたいという層が「動いた」のだろう。

また、選挙の最後の時点では、長い間トランプの異端ぶりに反発していた「宗教保守派」や「ビジネス界」も、「雪だるま式」にトランプ現象に乗っかっていったという可能性もある。すべては「後付けの説明」に過ぎないと言われればそれまでだが、そうでなければ、当選ラインには届かなかっただろう。

選挙テクノロジーの限界と可能性

4つ目は、データに対する姿勢だ。

マーケティングの業界には、「アンケートだけで、新製品が売れるかどうかの判断をしてはいけない」という法則がある。それは、消費者は「好きか？」とか「買うか？」といった質問に対して肯定的に答えたとしても、基本的にその姿勢は無責任で、回答の中身と、実際に自分のカネで買うかどうかという消費行動は異なるからだ。

だから、多くの業界では、一部地域でテスト販売を行ってから全国に拡大するとか、商品を受注生産にするなどの手法が取られる。ちなみに、そうした現実主義的で、ある意味、科学的とも言える「ビジネスの知恵」を生んだのはアメリカだ。

選挙における世論調査と投票所での行動も同じだったのである。電話や対面調査で「トランプ支持」を胸を張って言うのは「ちょっと抵抗がある」ような人も、カーテンやボックスに囲まれた「投票の秘密」が守られる場では、「トランプ」に入れてしまうということがあったのだろう。

一部には「隠れトランプ」が大量に現れたという表現もあるが、「隠れ」だけでなく、最後の瞬間に「やっぱりガラッと変わった方が何かが起きそうだ」というような衝動的な投票行動に走った、「土壇場トランプ」も大勢いたようだ。

中には、妻には「ちゃんとヒラリーに入れるよ」と言っておきながら、投票所では土壇場で「トランプに変えた」と夫が事後に告白して夫婦げんかになったという話も、アチコチから聞こえてきている。

さらに、過去の共和党の基礎票、民主党の基礎票という考え方がもはや確実なものではなくなっていたこと、また当初はトランプを不謹慎だと嫌っていた宗教保守派、あるいは一時期までは圧倒的に低かった女性からの支持というものが、予想を裏切る形でトランプに流れたということもある。

たとえば、終盤になって猛烈な勢いで双方が流した「ネガティブ・キャンペーン」のTVコマーシャルにしても、トランプ側のものは「いつものネタとしてのヒラリー批判」にとどまっていたのに対して、ヒラリー陣営のものでは「敵意丸出しの露骨な批判」がこれでもかと展開されており、結果的に逆効果になったということも、可能性としてはあるだろう。

いずれにしても、今回の選挙戦では、世論調査のあり方を中心に、選挙におけるデータの扱い方、見方について大多数が「読み違え」をしたということは大きい。

反対に、終盤の選挙戦で、多いときには1日4州というペースで、激戦となっている「スイング・ステート」を飛び回ったトランプ陣営の行動には、独自の「選挙テクノロジー」が使われた可能性がある。この点は、今後どこかの時点で注目されていくことであろう。

即座に動き始めたアメリカ

暴言大魔王の「静かな」勝利宣言

長い夜がふけ、米国東部時間の午前2時を回ったところで、動きがあった。

ヒラリー陣営の集会で、選対本部長のジョン・ポデスタが、「ヒラリーは結果が出てから演説する。今日はもうそれはないだろう」と告げたのである。支持者たちは肩を落として家路を急いだ。巨大な会場から人波が消えていく映像には、一種の「諸行無常」が感じられた。

その一方で、

「もしかしたらヒラリーは敗北を認めないのでは？」

「ヒラリーは、カンカンに怒っていて、敗北宣言で相手を賞賛することを拒否しているのではは？」

という気配もあった。

こうした動きと前後するように、まずAP通信社が「トランプ、次期大統領に当確」という配信を始め、やがて各州の票を確認した上で、多くのメディアも当確を打っていった。

この瞬間に、「一つの時代」が終わったのである。

そして、同時に「次の時代への予兆」が始まっていった。

次の時代への予兆、その基調のトーンを作ったのは、他ならぬ主役のトランプ自身であった。

熱狂的に盛り上がったニューヨーク市内の勝利集会で登壇したトランプ次期大統領は、「静かに」勝利宣言を行った。

ここにおいてトランプという人は、暴言大魔王であった「異端の候補」とは全くの別人になった。

静かな口調で「今は対立の傷を癒やすとき」であると述べ「アメリカの和解と団結」を呼びかけたのである。

一部からは、それは「白人のアメリカだけの団結だろう」という揶揄《やゆ》も聞こえてきているが、そうではないだろう。選挙戦を通じてキープしていた軽薄な「エンタメ調のパフォーマンス」とは明らかに違うトーンからは、「この人物は本気で合衆国の舵取りをする覚悟を決めた」と感じさせる気迫がにじんでいた。

2つの政策提言をどう読むか

もう1つ注目すべき点は、就任後に実行する政策について2点だけ指摘していたということだ。1つは「空港や道路など全国のインフラ整備を充実する」ということ、そしてもう1つは「退役軍人へのケアを充実する」というものだった。この場で、この2点だけを述べたということは、極めて興味深い。

まず、インフラ整備と退役軍人へのケアというのは、アメリカの対立軸の中では、どちらかと言えば民主党の「領分」に属する。そこからは、クラシックな共和党の「小さな政府論」とは一線を画するというニュアンス、自分は自分らしい独自のスタンスで政治を行うという決意が汲み取れた。

また、「移民排斥」であるとか「アメリカ・ファーストの超孤立主義」といったイデオロギー的な言辞について、一切言及しなかったというのも興味深い。こうした問題については、就任後は「比喩」の世界から「現実」の世界への歩み寄りをする用意があることを示したと言ったら、褒め過ぎであろうか。

興味深いのは、この「インフラ整備」というメッセージに対して、世界のビジネス界が機敏な反応を見せたことだ。パニックを起こして暴落した東京市場とは違って、時差の関係でこれを引き継いだ欧州市場は、1%から2%の下げで済んだし、一夜明けたニューヨーク市場に至っては、「トランプ政権はビジネスにフレンドリー」だとして、反対に上昇しているのである。

この2つの政策提言に関しては、それ以上の過大評価はすべきではないと思われるが、何よりも「和解と統一」を呼びかけた冒頭の宣言は重要だ。というのは、民主党サイドが、これに見事に呼応したからだ。

悲運の女性が次世代に託した希望

ヒラリーに関して、私は「もう敗北宣言のスピーチはしないのでは？」とか、前夜の疲れもあるだろうしスピーチを間に合わせるのも大変なので、「あるにしても午後になるのでは？」という感触を持っていた。

だが、そこはヒラリー・クリントンの凄いところで、一夜明けた9日の午前11時40分頃から、ニューヨーク市内の比較的小さな会場に支持者と選対幹部を集めた席にTVカメラを入れて、「コンセッション（敗北）スピーチ」を行ったのである。

見事なスピーチであった。この悲運の女性は、その恐らくは政治的なキャリアの最後の瞬間において、白鳥の歌（スワン・ソング）とでも言うべき感動的なスピーチを世界に示したのだった。

選対の女性たちは号泣していたが、ヒラリーは毅然と、しかし柔和な表情で敗北を認め、新政権の成功を祈ると宣言したのである。

「自分はガラスの天井を破ることはできなかった」としながらも、「私が考えているよりも早く、誰かがそれを打ち破ってくれることを望む」「あなたは価値がある存在で、しかも力強い。あなたには、夢を追い求め実現するチャンスが与えられている。そのことを、決して疑わないで」と、若い女性たちに希望を託した最後の部分は、恐らくは歴史に残るだろう。

アメリカは崩壊も停滞もしていない

一夜明けたこの日には、オバマ大統領も次期大統領への祝福のメッセージを発した。さらに世界中が驚いたことに、その翌日、つまり当確から30時間という時点で、トランプ次期大統領はホワイトハウスにオバマ大統領を訪ねて、政権移行作業の第1回打ち合わせを行ったのである。

その際のトランプの表情は、「やんちゃ坊主」の面影を残した芸能人トランプではなく、冷徹で老練なビジネスマンの顔をしていた。そして、格調ある英語で「大統領にお目にかかれて光栄です」と挨拶したばかりか、スムースな政権移行作業を進めることで合意している。

もちろん、アメリカ国内では前後して様々な騒動も起きている。

芸能人などが大挙して「カナダへの移民を検討し始めた」という報道。

ニューヨークの下町などで、「白人オンリー、トランプ」といった「差別落書き」が横行するという問題。

反対に西海岸などで、「アンチ・トランプ」のデモ隊が暴徒化するといった現象。想定内とも言えるが、こうした現象はどこかで沈静化させなくてはいけない。「当選で人が変わったトランプ」には、こうしたネガティブなリアクションを抑えていく責任が生じているのも事実だ。

だが、少なくとも時代の流れは崩壊したり、停滞したりはしていない。曲がりなりにも動き始めている。

日本がこれから取るべき道

トランプ政権、2つのシナリオに備えよ

では、日本としては当面はどう構えたらいいのだろうか。

2つのシナリオを前提に考えたい。

1つは、このままトランプが共和党の中枢と和解し、有能なブレーンを集めて現実的な中道保守政策を実行するという可能性だ。

その一方で、優秀な人材が集まらず、選挙運動の論功行賞要求や猟官運動をうまくコントロールできずに、結果的に偏った人材が集まり、極端な政策の一部が本当に実行されることで早期に行き詰まるという可能性もゼロではない。

日本は、この2つの可能性を考えて備えておくべきと思う。

第1に重要なのは、ワシントンの穏健な共和党人脈との連携を密にすることだ。トランプは日本に関して、「在日米軍の駐留費を100％負担せよ」「そうでなければ在日米軍は撤退する」「その場合は日本に核武装を認める」といった「非現実的なこと」を「ブレなく」言い続

けている。

先に指摘したように、そのすべてが「比喩」であるとしても、それでも「日本」について、そこまで一貫してブレなく「非現実的なこと」を言い続けてきたという事実は無視はできない。

実際に政権が発足したときには、現実を直視し理解してもらわなくては困るのだが、その「誤解を解く」作業をスムースに行うには、直接に抗議するよりも、ワシントンの識者を通じて包囲していった方が有効だ。その際には、ワシントンの共和党人脈を通じたアプローチが大切になってくる。

自由陣営の要としての責任

危険な兆候が出てくる可能性もゼロではない。あってはならないことだが、ロシアが挑発を行うようなケース、つまりアメリカの政権移行期を見計らって、ロシアがあらためてシリアのアレッポにおける反政府勢力への空爆を激化させ、それにトランプが対処できないとか、極端な排外政策が本当に実行されて株価が暴落するといった場合だ。

その場合には、日本には、「アメリカ抜きのG6」で真剣に協調しながら、自由世界の価値を守っていく覚悟が必要ではないだろうか。

仮にアメリカが絶望的なまでの孤立主義に向かうのであれば、日本はNATOとの協調、韓国との徹底した協調、ASEANやインドとの連携などを中心に、「これまでの政策からブレない」ということが必要になるだろう。

アメリカが孤立に傾くとしたら、日本は自主防衛でアメリカの空白を埋める必要に迫られるが、その場合に、日本も孤立を深めてしまうようでは、日本の「安全の保障」は極めて脆弱なものとなる。価値観を共有する国々との協調ということを、あらためて積極的に行っていかなくてはならない。

日本は「西側の自由陣営」に属する国である。

これまでの日本はそこへの参加意識が今ひとつ「積極的」ではなかった。冷戦期には野党が公然と「東側」との連帯を主張していたこともあるが、何よりも「アメリカとの関係」がまずあり、その結果として「自動的に付随」して「西側自由陣営」に参加している、そんな意識が蔓延しているのではないだろうか。

だが、仮にそのアメリカが、自由陣営のリーダーという責任を全うする気がないというような事態となるのであれば、安倍首相はG6／アジアの自由陣営の要として、国際社会におけるより重たい責任を担う覚悟をすべきだろう。

TPP、対韓、対ロ、対中政策は?

TPPの早期批准は、アメリカの選挙結果にかかわらず進めるべきと思う。別にトランプに対するイヤミやプレッシャーのポーズとしてではなく、自由貿易の価値を掲げる国という態度表明として、G6やASEANあるいはオーストラリアなどとの相談を続けながら、ブレることなく進めるべきではないだろうか。

最も重要なのは日韓関係だ。とにかく、アメリカの「不介入」という「空白」が何らかの形で生まれるのであれば、対北朝鮮の抑止力として、日韓連携にブレのないことでそれを埋める努力を示さねばならない。

台湾、香港の現状維持も、日本にとっては重要課題となる。中国にこの点での現状変更を思いとどまらせるという「アメリカの抑止力」が弱まるのであれば、その分だけ日本がG6と協調して、静かな重しにならねばならないだろう。

台湾に関しては、特に繊細な目配りが必要だ。仮にアメリカが台湾海峡防衛への関心も責任感も弱めていくのであれば、そして習近平政権がそこに「バランス・オブ・パワー」の変動を感知するようであれば、これは潜在的な危機に発展する。

蔡英文総統は、「中華民国のアイデンティティ確認を」などと北京を挑発したり、「反原発」を国内求心力とするような「のんき」なことをしていてはダメだろう。日本国内でも、他でもない「潜在同盟国」である台湾をめぐって、政治家の二重国籍問題を軽い気持ちで叩く勢力がいるのには、どこかピントのズレを感じる。

だからと言って、別に中国と敵対する必要はない。安倍政権の進めている対中外交、つまり関係改善はそのまま前進させる中で、「現状変更には賛成しない」というブレのない「ドッシリした」姿勢を見せてゆくことが肝要だ。

ロシア外交も同様にこのまま進めて行けばいいだろう。12月の日ロ首脳会談に成果を出しつつ、アメリカの「重し」が弱くなることを受けて、ロシアが現状変更という誘惑にかられることのないように、重厚な姿勢を取るべきだ。

具体的にはシリア情勢で、ロシアのこれ以上の「勝手」を自粛させること。これができれば日本の、そして安倍首相の、国際社会での存在感は高まると思う。

最悪なのは、トランプ政権の登場を恐れ、新政権との間に人脈を慌てて築こうとしたり、適任ではない人間を窓口にしたりする、すなわち、アメリカの「内向き志向」に振り回され、風下に立つような外交を展開することだ。これでは日米関係を損なうだけだろう。

本稿執筆の時点で結果は分からないが、当選後の極めて早い時期に、安倍首相が、個人的な親交を深めるためにトランプと直接会談を行うのは、よいことだ。先方の具体的な人事や政策が固まる前に、こちらから柔和に「外交」の手を打っていくということには、以前の日本外交には見られなかった戦略性を感じる。

保守派の「反日」兆候には注意が必要

1つ懸念事項となるのは、アメリカの保守派の間に「反日」の兆候が少しだけ見られることだ。これには、トランプ氏の一貫した「反日放言」に加えて、オバマ大統領の広島訪問という大事件への「反動」が指摘できる。

詳しくは第三部の201ページで触れているが、保守派の人気キャスターの書いた「反日史観」本が売れている中、日本は下手に振る舞うと、「悪者」にされる危険性があるのは事実だ。この点について政権周辺を中心に、今は特に第2次大戦史観への歴史修正的な言動を控えるべきだろう。共和党は親日であるという甘えは、とりあえず捨ててかかり、スキを見せない外交が求められる。

国際関係において、自由主義と自由経済を中心にG7の価値観からブレないことで、欧州やカナダと協調し、一方ではアメリカに見え隠れする反日の動きのターゲットとされるようなスキを見せないというのは、別に「危険な綱渡り」ではない。

伊勢志摩サミットでのパフォーマンス、オバマ大統領の広島訪問という成果を産んだ反核拡散、そして自由陣営の価値観というところから、「ブレない重厚な姿勢」を取り続けることが、現在の日本外交にとっては肝要だ。

第二部 泡沫候補から共和党代表へ

——選挙戦レポート'16・1〜'16・6

トランプ現象を誰が支えているのか？

2016/1/23

トランプ人気の核にあるもの

長い予備選レースの「緒戦」となるアイオワ州党員集会が約1週間後に迫っている。依然として共和党ではドナルド・トランプが勢いを維持しており、今週は他でもないサラ・ペイリン氏がトランプへの支持を表明して、選挙戦の陣営に加わるというニュースが、さらにその勢いを後押ししているようだ。

一方で、この1月22日の金曜日には、「ホワイト・ジェノサイド」という物騒な名前の「ネオナチ」グループのツイートを、トランプが誤って「リツイート」したという事件があった。ライバルのジェブ・ブッシュをバカにした内容が「おもしろくて」ついついリツイートしたということのようだが、その後、東海岸ではこの冬最大の「スノー・ストーム」を迎える準備に追われる中で、このニュースもウヤムヤになっている。

「もしかすると」、この「ネオナチ」リツイートという事件を契機に、トランプ人気という「憑《つ》き物」が有権者の間から「ふっと剝《は》がれ落ちる」ということも、多少はあるかもしれない。

だが、現時点ではトランプの勢いは止まっていない。全国の共和党内での支持率は35％近辺であり、10％台のテッド・クルーズ、マルコ・ルビオの両候補を大きく引き離している。アイオワでも、長い間トップだったクルーズを引きずり下ろして、トップを取る構えだ。

この「トランプ人気」は、2015年の8月に顕在化して以来、その原因については様々な分析がされてきた。だが、有権者の心情の「核」にあるのは何なのか、なかなか分かりにくい現象であったのも事実だ。「反エスタブリッシュメント（主流）」の心情が核にあるという解説も多いが、単なる「権力へのアンチ」というのであれば、過去にも現在にも他にいろいろなものがある。

左派で言えばバーニー・サンダースの位置というのは、たしかに「反権力」であり、右派で言えば、それこそペイリンが主導した「ティーパーティー」も「反権力」だった。だが、トランプ現象というのは、この2つのものとは「何かが決定的に違う」。決定的に品がないとか、決定的に差別的だという意味だけではない。また、あの「激しいまでの単純化」ということについても、一般的には「判断力の低い」「メディア・リテラシーの低い」「手持ちの情報の少ない」有権者向けの「ポーズ」だという解説も多いが、どうもそうでもなさそうだ。

どうやらこの「トランプ現象」というのは、「都市の賃金労働者によるミドルクラス崩壊への怒り」と見るのが正しい――私には、現時点ではそのように思えてならない。賃金労働者ということでは、自営業主体の「ティーパーティー」とは一線を画し、「再分配を要求していない」ということでは、民主党左派とも全く違う。ただひたすらに、「ミドルクラスの崩壊」ということに怒っている、それが「トランプ現象」のコアにある心情ではないだろうか。

トランプの主張は極端な排外主義で知られるが、同時に「医療保険の拡充」であるとか、「国内雇用の復権」つまり「アメリカの雇用をグレイトにする」「中国や日本から雇用を奪い返す」という主張もしている。中国はともかく、日本がアメリカの雇用を奪っているというのは、現在の産業構造や国際分業においては適切な指摘ではなく、むしろ80年代に戻ったようなレトロ感があるが、それはともかく、興味深い態度であるとは言える。

ミドルクラスの消滅と格差社会化

この「ミドルクラスの消滅」というのは、ウラを返せばアメリカの「格差社会化」が進んでいるということだ。富裕層は益々富裕になり、その一方で貧困層が拡大する、そして分厚かったはずの中間層は薄くなりつつある。

この点に関しては、2015年の12月9日更新の『CNNマネー』(電子版)にタミ・ルーバイという記者が、「ピュー研究所」の最新の調査結果を基に、分かりやすい記事を書いていた。ルーバイ記者によれば、まず「ミドルクラス」の定義として、平均所得の「3分の2から

2倍のゾーン」という設定を採用した場合に、2014年には「3人世帯」の場合は年収4万1900ドル（約494万円）から、12万5600ドル（約1482万円）だというのだ。

この定義を採用すると、アメリカの「ミドルクラス」は1971年には全世帯の61％であったのが、2014年には49・9％になっているという。明らかに「ミドルクラスの縮小」が起きている。もっとも、この「世帯数比」ということで言うと、それほど事態は深刻ではないように見える。

一方で、「年収が平均の2倍超」の「アッパークラス」に関して言えば、同じ43年の間に年収の平均は47％伸びているのに対して、「ミドルクラス」は34・4％、「ロウアークラス」は28％しか伸びていない。この数字も何となく「そんなもの」という感覚で受け止めることができるかもしれない。

だが、この「掛け合わせ」、つまり金額ベースでの「アッパークラス全体」と「ミドルクラス全体」について、アメリカの全世帯収入におけるシェアを見てみると、衝撃的な数字が出てくる。1971年には米国の全世帯収入の62％であったミドルクラスの収入は、2014年には43％に落ち込み、反対にアッパークラスの金額ベースでのトータル収入は、全体の29％から49％に大きく伸びている。2014年には、米国全体の世帯収入において、アッパークラスのシェアはミドルクラスのシェアを超えているのだ。ちなみに、ロウアークラスについては10％

から9%へと微減にとどまっているが、これもその分だけ世帯数が増えているというように見れば全くいい数字ではない。

これは収入ベースだが、資産のベースではもっと顕著な差が出てくる。同じ「ピュー研究所」の別の統計によれば、2013年のミドルクラスの資産総額平均は9万8100ドル（約1158万円）で、1983年から2013年の30年間に2・2%しか伸びておらず、ロウアークラスの場合は1万1500ドル（約136万円）から9500ドル（約112万円）に減っている。だが、アッパークラスの場合、2013年の資産総額平均は65万100ドル（約7671万円）で、30年間で201%、つまり倍増しているという。

アメリカでは明らかに格差が拡大している。それも非常に顕著な形で進行していると言っていいだろう。

格差の原因は何か

格差の原因は明らかだ。1つの言い方としては、アメリカは完全に「先進国型」の社会になっていったと言うことができる。製造業の場合、国内には高度な企画・研究・開発など知的な高付加価値の職種だけが残り、大量生産の機能は国外に出ている。一部残っている純粋な製造工程でも、宇宙航空関連や高付加価値の半導体、あるいはバイオ製品など先端産業が主だ。また、非製造業でも、金融や情報産業など高度で知的な産業がＧＤＰを牽引していると言える。ただ、アメリカが技術力で世界のトップに躍り出たのは１９５０年代だ。その時代から、日本の挑戦を受けて「双子の赤字」に苦しんだ80年代までの期間は、先進国でありながら製造業の巨大な雇用を抱えていた。ということは、アメリカの世界における地位が変わったのではなく、製造業を中心とした産業のあり方が変わったということが言える。

そこには2つの変化がある。まず1つは、モノを製造する場合に非常に高度の集約を行って大量生産をする、そして低コストで高パフォーマンスの製品を供給するというビジネスモデルへの変化だ。その場合に、製造拠点は「より低コストで、より高品質で、より大量の生産が安定的に可能」というロケーションになっていく。製造プロセスの空洞化は、このような仕事の進め方の変化、モノの作り方の変化の中で生まれた。

もう1つは、ハードからソフトへのシフトだ。目に見えるモノを作ることで多くの雇用を生み出していた80年代以前とは違って、現代のアメリカで生み出される付加価値の相当の部分はソフトだ。たとえばコンピュータのソフト・アプリであり、デジタル・コンテンツであり、金融や技術がらみの情報であったりする。こうしたビジネスは、知的に高度な労働を要求し、その多くは高給になる。

現在の「トランプ現象」を支えている層は、こうした「変化」について「どうしても承服できない」として怒っている。ゆえに、全くのファンタジーでしかない「日本から雇用を奪い返せ」とか「アップル製品はアメリカで作らせろ」といった主張に飛びつくのだ。

では、この「ミドルクラスの崩壊」あるいは「格差の拡大」という問題について、他の候補たち、あるいは既存のアメリカの政治勢力はどのように考えているのか?

たとえばオバマ大統領の場合は、本籍は左派であるから、「格差には再分配で」という姿勢を取るはずだが、「医療保険改革」という新しい政策を実行に移した以外は、意外に「再分配」には消極的だった。２００８年に当選して、09年に大統領に就任した時期が、リーマン・ショック後の「最悪の時期」だったので、特に「全体の景気」が回復するのを「妨害しない」ということに腐心していたと言っていい。とにもかくにも、その結果として、２００９年の最悪期には10%を超えていた失業率が、15年12月には5%まで下がった。

このオバマの姿勢に対して、右からの批判が２０１０年以降の「ティーパーティー」であり、その批判の核にあったのは「景気刺激策などで税金をバラまいても効果がない一方で、国家債務だけは積み上げた」ことへの怒りだった。自営業者を主とした納税者の反乱という言い方もできるだろう。

一方で左からの批判は２０１１年に始まった「占拠デモ」運動だったが、その内容は「ウォール街の高給取りを支援するのであれば、そのカネを自分たちに回せ」あるいは「若者の雇用機会をもっと拡大せよ」というものだった。こうした運動は、現在の大統領選で言えばバーニー・サンダース候補の陣営が継承しており、ヒラリー・クリントンの陣営も大きくその影響を受けている。

ということは、「過去にミドルクラスとしてアメリカの繁栄を自分のものとして享受した」一方で「現在はその地位からこぼれ落ちそうになっている」層、つまり中高年の賃金労働者であって、現在は失職しているか、意に反して低賃金に甘んじているか、リタイアしている中で年金生活の先細りに不安を持っている、そんな有権者ゾーンの受け皿になる対立軸なり政治勢力というのは、これまで存在しなかったのである。

そこへ「トランプ旋風」が湧き起こり、この人たちの怒りを「シンクロさせる対象」が生まれた。ということは、たとえばトランプの「不法移民は強制退去」というのは、そのまま額面通りのメッセージではなく、「かつてアメリカを支えてきた自分たちが冷遇されているのに、違法行為をして入国した人々のことを、オバマやジェブは心配している」という怒りの表現だというように見ることができる。

また、「シリアのISIS支配エリアは絨毯爆撃してしまえ」というのも、本当に民間人犠牲を伴う無謀な作戦を行えというのではなく、「世界の警察官としてアメリカが紛争解決に決定的な関与をする力があり、その繁栄を自分たちも享受していた時代に戻してくれ」という

「無いものねだり」のファンタジーの表現だと言うことができる。

確かな怒りとのシンクロ

そう考えると、トランプ人気は、この「過去の栄光、そして自分たちの名誉と雇用と老後の保障」が失われていることへの「怒り」とシンクロする現象が回っている限りは、続いていく可能性がある。

一時、私は「トランプ現象は『ふわっとした民意』であって、その「ふわっとした感覚」というのは、些細なことで「吹き飛ぶ」のではないかと思っていたが、どうやら違うようだ。この「確かな怒りとのシンクロ」が、この現象のキーであり、その部分が「切れ」ない限り、「吹き飛ぶ」ことはなさそうだ。

では、そのトランプは仮に共和党ジャックに成功したとして、本選で勝てるのだろうか。私はそれは難しいと思う。「過去の破壊と現在のアメリカへの怒り」という心情は、全国レベルでは決して多数派にはならないからだ。まず、オバマ支持層のように、「緩やかな景気回復と、格差社会の中でのトリクルダウン」で何とかしてゆくのが「成熟国家アメリカの現在」だという層は、相当に多数派として存在する。

また、保守陣営の中で、「小さな政府論」で財政規律を維持するのがアメリカの将来の繁栄を保証するという立場は、依然として保守本流である。そうした立場から見れば、トランプの支持層というのは、やはり異端であり、そして少数なのだ。

今回の「トランプ＋ペイリン」コンビの成立が、「もしかしたら共和党分裂？」という変動の契機になるかもしれないと言われているのは、そうした意味だ。

いずれにしても、当面は「旋風」は続くだろうが、たとえば年初以来の株安、あるいはその原因とも言われる原油安がさらに進行して、アメリカの景気が大きく揺らぐような局面になったらどうだろうか？　私にはそこで、より多くの人が不安感から「トランプのポピュリズムに共鳴」するようになるとは思えない。仮に具体的な景気低迷への不安があるのであれば、政治経済の「本当の改革を行う」実務家、そして「オバマ路線の変更」を具体的に提言できる人物に支持が集まるだろう。

トランプのような「個人的な怒りを極端な右派ポピュリズムに乗ることで解消する」という、ある意味では「切羽詰まったものとは違う」イデオロギー運動というのは、景気低迷という具体的な恐怖に対する答えにはならないからだ。

動き出した大統領予備選、苦戦する本命

2016/2/6

予備選レース始まる

2月1日に実施されたアイオワ州党員集会を皮切りに、長い予備選レースが動き出した。今年は、本選のキックオフになる両党の党大会（コンベンション）が7月に繰り上がっている一方で、予備選全体の日程は「少し先延ばし」になっている。予備選では時間をかけて、できるだけ中身のある論戦を行い、さらに両党が激突する本選も時間を取ろうというのだが、どのような論戦が期待できるのだろうか。現在の議論の方向性はどちらへ向かっているのか？

今回のアイオワでのドラマは、その論戦の枠組が見えてくるような「中身のある選挙戦」ではなかったが、少なくとも「選挙戦が正常化される」兆候は出てきたように思う。2月9日にはニューハンプシャーの予備選があるが、この「正常化」のトレンドが続くことを祈りたい。

アイオワの結果だが、まず共和党では、事前の世論調査では「トランプ（25％近辺から35％）」「クルーズ」「ルビオ」という感触だった。実際の結果は「クルーズ」「トランプ」「ルビオ」ということで、順位としては、1位と2位が入れ替わっただけだ。しかも、クルーズに関

して言えば、「アイオワでは絶対に勝つ」という作戦で、数カ月間、「ドブ板」を続けてきている。世論調査で言えば、トランプが上回ったのはつい最近のことで、選挙戦の流れから見れば、この順位にはそんなにサプライズはなかった。

問題は支持率だ。順番に見れば「クルーズ（28％）」「トランプ（24％）」「ルビオ（23％）」という結果、これはサプライズと言っていいだろう。直後から「トランプ惨敗、ルビオ善戦」という評価が出ていたが、とにかく「トランプがここまで負ける」ということも、そして「ルビオが先頭集団入りする」ということも、事前の予想では出てこなかった現象だ。

その「トランプの敗因」だが、直接的には「直前のFOXニュース主催の討論会を欠席した」のが響いたという見方がまずある。本人も「出なかったのが効いたかも」というような反省を口にしていたぐらいだ。FOXの討論会と言えば、2015年夏の討論会で、司会者のメーガン・ケリーという女性キャスターが、トランプの「女性蔑視発言」について執拗に追及したのに対して、トランプが怒って確執になったという経緯がある。

その討論会直後のトランプは、「ケリーは目が血走っていた」などという、これまた女性蔑視としか言いようのない暴言を吐き、「確執は明らか」だった。FOXはそのケリーを今回も司会者に立てたのであり、これは一種の挑戦だった。そこでトランプは「ケリーが司会するのなら出ない」と居直り、「力比べ」になったわけだ。

結果的にトランプは、「党員集会の直前のTV討論会を欠席」ということになり、同じ時間帯にアイオワ州内の別の場所（といってもデモイン市内の近所）で、「退役軍人顕彰の催し」というのを開催することになった。おもしろいのは、本来は相当にリベラルのはずのMSNBCテレビがCNNとともに、この「トランプ集会」の生中継を行ったということだ。その「視聴率戦争」でトランプは大きく負けたばかりか、「トランプのいない討論会」では「いないことの存在感を見せるのでは？」という一部の期待は現実のものとはならず、FOXの討論はそれなりに淡々と進んだ。

もう1つの要素は、「党員集会」というフォーマットだ。普通の州の予備選は世界中どこにでもある「秘密投票」で、党員集会の場合も党員は投票箱に「秘密投票」する（今回から厳格にそうなった）。だが、アイオワでは投票の前に討論会があり、各地区の中でそれぞれの候補を推薦する市民が演説するというプロセスがある。

そうなると、ある意味では無責任な世論調査への回答とは違って、「やはりトランプでは本格候補にならない」というような雰囲気が広がった可能性、そして、それ以前の問題として「トランプの組織力が弱い」、つまり一方で自家用ジェットや大規模集会などの派手な選挙戦を繰り広げておきながら、各地区で運動をリードする活動家を組織できていないという弱点が出たという解説もされている。

トランプ、クルーズ、ルビオら共和党候補の動き

そのトランプだが、このアイオワでの敗戦から「憑き物が落ちた」ような気配が出てきた。たとえば直後には「2位にしてもらったことは名誉だ」などという殊勝なスピーチをし、「何となく異変？」というムードを漂わせる一方で、一夜明けると「(勝った) クルーズはインチキをしている」と告発して「党員集会のやり直し」を要求している。さすがに再投票はムリで、この発言も空回りすることになった。

次週のニューハンプシャーでは、トランプは現在は共和党の中で世論調査1位につけている。また、この州は通常の「秘密投票」なので、1位を取る可能性はある。だが、この「アイオワで負けた前後のドタバタ」を受けて、全国レベルでの支持率が低下しているという報道がある。また、このニューハンプシャーは、「準オープン・プライマリー」といって、共和党の予備選に「無党派も投票できる」システムになっている (民主党登録者はダメで、その点では完全な「オープン」ではない)。したがって、保守的なアイオワの共和党員という集団よりも、母集団にアンチ・トランプ票が多いことも考えられ、予断を許さない状況だ。

仮にニューハンプシャーで負ければ、意外に早い段階で「トランプ現象が雲散霧消」することもあるかもしれない。

スキャンダルということでは、今回は首位になったテッド・クルーズ議員の陣営では、投票直前に「ベン・カーソン候補（一時期は人気のあったアフリカ系の医師）が撤退した」という情報を流してカーソン支持者の取り込みを図ったという疑惑が持たれている。カーソン医師の撤退は事実ではない一方で、どうもこの「怪情報作戦」は本当に行われたようで、陣営だけでなく候補のイメージにも傷がつくこととなった。

一方で、マルコ・ルビオ候補（上院議員）に関しては、これまで「第2グループ」から抜け出せなかったのが、堂々と「先頭集団」に入っただけでなく、党内の「エスタブリッシュメント」代表という地位をほぼ固めたということが言えそうだ。そのルビオに関しては、師匠のジェブ・ブッシュ候補はアイオワでは惨敗（2％）しており、直後には母親のバーバラ（元ファーストレディー）と、兄のジョージ（前大統領）を担ぎだしているが、撤退は秒読みということで、仮に撤退した場合は、ルビオ支持に回ると言われている。

撤退ということでは、アイオワの結果を受け、実際に撤退宣言をする候補が出始めた。共和党では、支持率2％以下の3名、ランド・ポール、リック・サントラム、マイク・ハッカビーが撤退、民主党ではマーチン・オマリーが撤退している。

この中では、サントラム、ハッカビーは過去の大統領選で「アイオワでの旋風」を起こしたことがあるが、今回はサッパリ駄目だった。原因は、有権者の世代交代が進む中で「クラシッ

ク な宗教保守票」が激減しているということ、そして情報化社会の中で、候補者への選好がどんどん変わっているということにあるだろう。とにかく、宗教保守の牙城のはずのアイオワで「勢いがつけられなかった」のは、この2名にとっては決定的なダメージだった。

民主党はサンダースに勢い

民主党に関しては、事前の調査でもヒラリーはバーニー・サンダースにかなり追い込まれていたが、本当にここまでの僅差（1%未満）になるとは予想していなかったのではないだろうか。ヒラリー陣営としては「2008年のようには負けなかった」ということで安堵しているにしても、事実上タイであり、大苦戦と言っていいだろう。

アイオワの結果を受けて、民主党の予備選にも関心が集まっており、3日には「タウンホール形式」で両候補による長時間インタビューがあったと思えば、翌日の4日にはCNNが両候補の「激突する」ディベートを開催した。

もっとも、内容はそんなに激しい舌戦ではなく、サンダース候補が「ヒラリーへのウォール街からの献金」を批判すると、ヒラリーは「相手からのオファーを受けただけ」と軽く受け流すという感じで、特に非難の応酬にはなっていなかった。また、サンダースからヒラリーに対しては、「あなたはプログレッシブ（進歩派、いい意味での漸進改革派）ではない」という批判があり、これに対してヒラリーは「自分も進歩派」と言って切り返すというような、「左翼正統性論争」のような対決があったぐらいだ。

ちなみに、サンダース候補は、今回も「ヒラリーの電子メール疑惑」に関しては「ノーコメント」を貫いていた。共和党の挑発に乗るのは自分としてイヤだということなのか、ヒラリーは本当に機密を守るために国務省のサーバを信じなかったのだ、という感触を持っているのかは分からないが、とにかくその点でヒラリーを叩くのは「やらない」ということのようだ。

では、この「サンダースの勢い」はどこまで続くのだろうか。たとえば、来週予備選が行われるニューハンプシャー州は「サンダースの地元」なので、ほぼ勝利は確定している。厳密に言えば、サンダースの地元はバーモント州だが、この両州はコネチカット川を州境としてピタッと隣接しており、バーモント州のヒーローであるサンダースは、ニューハンプシャーでも人気がある。

緒戦の2州で一気に勢いをつけたサンダースは、この後も勝ち進むのだろうか。非常に冷静に見ていくのであれば、2008年のオバマのように、ヒラリーを苦しめてひっくり返すというところまでの勢いとなる可能性は少ないだろう。

ただ、問題は「このままサンダースがヒラリーを圧迫し続ける」中で、ヒラリーの弱点がどんどん「炙《あぶ》り出され」、本選までにイメージダウンが進むという可能性だ。たとえば、CNN

の報道によれば、アイオワの党員集会と並行して実施された出口調査で「政治家として人間的に信頼できるか？」という項目があったそうだが、ヒラリーが11％だった一方で、サンダースは80％という恐ろしい差が出ているという。

このようなネガティブな印象が払拭できないのであれば、仮にヒラリーが民主党の統一候補となったとしても、若者がソッポを向いて棄権に走るという可能性もある。また、仮に共和党がルビオでまとまった場合に、そして本選に向けてルビオが中道路線に軟化してきた場合には、オバマほどではないにしても、中道の若年層の一部がルビオに流れる可能性もある。実際、最新のデータでは、「ヒラリー対ルビオ」では、ルビオが勝つという世論調査もあるぐらいだ。

いずれにしても、ドラマは始まったばかりであって、まずは来週のニューハンプシャー予備選が注目される。

背景にある「反オバマ」「脱オバマ」

では、こうした選挙戦を通じて浮かび上がってくる「現在のアメリカの政局」というのは、どう位置づけたらいいのだろうか。

1つの大きな構図は、「アンチ・オバマ」という要素だ。オバマの8年については、特に共和党の候補たちは「アメリカを平凡な国にした」とか「世界の混乱に翻弄されるだけだった」

という言い方で批判するが、とにかく「オバマ時代とは違う時代」にしたいという「気分」は相当に強いものがあるようだ。

では、時代の何が不満かというと、もちろんそれは経済と雇用だ。リーマン・ショック後の不況から8年近くかかって、景気ということでは一息ついているアメリカだが、失業率が「4・9%(2016年1月の最新数字)」だと言っても、雇用を諦めた人もいるし、再雇用されても年収が下がった人は多い。今がよくても、将来への不安は濃厚にある。

そんな中で、では2010年の「ティーパーティー」のように、「オバマが無駄なバラマキをやったから駄目」だという具体的な不満から「財政規律」と「小さな政府」という具体的な政策へのモメンタムが共和党にあるのかというと、実はないのである。現在の共和党は、好況による税収増に満足してしまっており、中長期の財政への危機感から「小さな政府論」を徹底するという覚悟も棚上げにしてしまっている。

では、以前の共和党のように、政権を奪取したら軍拡をやって軍需産業を立ち直らせ、ついでに製薬会社の活動を自由にし、原油価格を上げてエネルギー産業を儲《もう》けさせ、さらにはウォール街の投資銀行への規制を外すことで、経済を加速させようという露骨な政策が取れるのかというと、そこにもクエスチョンが出てくる。

単年度の税収は回復していても、あらためて軍拡をするほどの財政の余裕はない。エネルギー政策については、シェール革命がアメリカを全く異なる国に変えてしまっているので、そんなに簡単に原油高に持っていくこともできない。一方で、トランプは「中国と日本から雇用を奪い返す」とか「偉大なアメリカを再建する」という言い方をしているが、ウラを返せば具体的な政策はないのである。

軍事外交もそうで、「ヒラリー＝オバマはベンガジでアルカイダを甘く見た」とか「そもそもカダフィ打倒に加担したのは誤り」、あるいは「シリアではもっと早く反政府勢力に加担しておくべきだった」などと言いたい放題だが、では、その共和党に代案があるのかというと、全くない。特にシリア政策などは、早期に反政府勢力を支援していたらその中にＩＳＩＳ勢力もいたのであり、「どうすればよかったのか」という代案自体が簡単には成立しない。

そうした共和党支持者の中にあるセンチメントとは、中国とのリバランスなどはどうでもいい、中国は貿易のパートナーだから放置しておいて、中東でしっかりイスラエルを防衛して原理主義にプレッシャーをかける「強いアメリカ」が素晴らしい、そんな程度のもののように思われる。もしかしたら「原油高」で一儲けという利害が絡んでいるかもしれないが、それもオバマのエネルギー多様化政策の後では、国益にはならない。

いずれにしても、中道的な現実政策で、軍事力の使用には消極的ながら、世界のパワーバランスに腐心しているオバマ路線に対しては、簡単に「代案」をというわけにはいかないだろう。

その一方で、トランプやクルーズ、あるいは撤退したポールなどには、「イラク戦争も含めた政権すげ替え政策というのが非現実的」だとして、オバマの8年だけでなく、ブッシュの8年も否定するような「本物の孤立主義」もあるように思われる。仮にそうだとすると、リベラル系でタカ派色を残したヒラリーとの関係は完全に「ねじれ」になる。いずれにしても、何か理屈をつけて「オバマ時代を否定」したい、それが現在の共和党の政治的な「情熱」の源泉にあるようだ。

一方のヒラリーも、そしてヒラリーよりも左派のサンダースも、「脱オバマ」を主張している。そしてオバマ路線よりも「より左にシフト」することで、オバマとの差別化を図ろうとしている。

「脱オバマ」ということで言えば、オバマの位置を仮に「中道」だとすると、共和党は右へ行こうとする一方で、民主党は左に行こうとする、特に理念やエモーションの部分で、両極端に向かい「たがる」傾向がある。

もちろん、現職の大統領が任期満了で退任する、「その次」を争っている以上は、「差別化」がセールスポイントになるのは分かる。だが、現実に目を向ければ、現政権の政策は、非常に複雑化した国際情勢、グローバル経済の中で、とりあえず「最善手」を打ってきている。このオバマの8年を批判するのは簡単だが、では、他の方法論をとったとして、景気回復をここまで続け、国際情勢の破綻を防止し、ついでにアメリカのエネルギー自給をほぼ達成して軍事外交の自由度を上げた、その「他の選択肢」が描けるのかというと、非常に疑問だ。

つまり、現在の選挙戦というのは、民主党も共和党も、「複雑な国内外情勢における現在のオバマの中道現実主義」に対する漠然とした不満を大袈裟に描いている一方で、有効な代案を持てていない、そして持てていないからこそ、左と右の極端なファンタジーを描くことで、現政権との差別化をアピールするという、「砂上楼閣」のような話になっているわけだ。

ただ、そんな中で比較的実務型の政権になるであろう、ヒラリーとルビオという両党の「本命」が、それぞれに現時点では激しい競争に「もまれている」というのは、悪いことではない。何とかそこで「実務的な政権担当能力は大丈夫か」「オバマ政権の何をどう変えるのか」という具体的な点について、論戦が進展することを期待したい。「私の方が進歩的だ」とか「私こそ純正保守だ」などといった、無意味な議論はいい加減にしてほしいと思う。

2016/3/8

スーパー・チューズデーでトランプ大勝利

独走態勢を固めたトランプ

3月1日の「スーパーチューズデー」に行われた各州の予備選のうち、共和党では首位を走るドナルド・トランプ候補が7州で勝利し、予備選の中盤へ向けて独走態勢を固めた。この結果を受けて、共和党は大混乱に陥っている。

まず、激戦から一夜明けた3月2日には、ケーブル・ニュース各局は、共和党が「トランプ降ろしの秘策」を練り始めたとか、2位のクルーズ候補などを想定しての「アンチ・トランプ」一本化の動きなど、様々な噂を流し続けた。

実際、共和党関係者はこの日一日、揺れに揺れていたようだ。たとえば、前回、2012年の大統領選予備選に出馬して善戦したティム・ポウレンティ前ミネソタ州知事は、「共和党という飛行機の乗客は、窓の外を自分の乗っている機の破片が飛び交っているのを見て恐れおののいている。エンジンが吹っ飛び、翼が折れるのも時間の問題だ」と発言したそうで、このコメントが党内を駆け巡った。

一方で、議会共和党の超大物であるポール・ライアン下院議長は、もちろんトランプを支持するなどということは一切言っていないが、「最終的に過半数の代議員を獲得した候補は尊重する」という微妙な言い方をしている。予備選に勝ったらトランプを認めるのか、それとも予備選に「勝利しないよう」工作を開始しているのか、この発言も様々な憶測を呼んだ。

さらに、3日には前回2012年に共和党の大統領候補として、オバマとの選挙戦を戦ったミット・ロムニー元マサチューセッツ州知事が、会見を開いて「トランプ候補というのはインチキ（fraud）でありニセモノ（phony）だ」と強い口調で非難した。これはトランプ候補への批判だけでなく、共和党全体へ向けて「トランプ降ろし」を広く呼びかけたものと言える。

トランプ降ろし、4つの作戦

その「トランプ降ろし」だが、現時点では4つの作戦があると言われている。

1つ目は「対抗馬の一本化」だ。党内の穏健派からはルビオ候補への一本化工作を促す声が大きい一方で、議会関係者からは「この際だから代議員数でトランプに次いで2位のクルーズ候補に一本化も」という声も出てきた。

2つ目は、「とにかくトランプの過半数獲得阻止」のために、なりふりかまわず現在の3人、つまりルビオ、クルーズ、ケーシックの3候補が走り続けるという案だ。「それぞれ得意な州、特に勝者総取りの州で勝っていって、トランプの過半数を阻止する」作戦で、一本化工作は行わない。7月の党大会の時点で、トランプが「1位だが過半数は取れない」という状況に持ち込めば、党大会の会場での「談合（フロア・ファイト）」で他の候補を統一候補に指名することが可能になるからだ。

3つ目は、それでもトランプが過半数を確保しそうな場合に、6月7日に予定されている大票田のカリフォルニアだけは何としても渡さないために、「カリフォルニアだけ勝てる無所属候補」を立てるという作戦だ。カリフォルニアで強そうな、たとえばロムニー氏自身や、アーノルド・シュワルツェネッガー氏などの名前が取り沙汰されている。もっともシュワルツェネッガー氏は、オーストリアからの移民なので合衆国大統領にはなれないのだが、カリフォルニア州の憲法と公選法の解釈では、何らかの政党を名乗って選挙で勝てば代議員の総取りはできて、「トランプの過半数代議員獲得を止める」ことが可能という説もあるようだ。

4つ目は、そこまでの策を弄しても「トランプが過半数を取って共和党の統一候補になった」場合を見越して、保守本流の無所属候補を立てておくという作戦である。要するに、上下両院の改選対象議員たちの多くは「トランプを大統領候補に担いで」の選挙戦では、自分が同時選挙で落選しかねないので、その場合は「無所属の本流候補」を支持して選挙戦を戦うというのだ。ただし、この「無所属候補」の名前を全国50州の投票用紙に記載するのには、手続きが煩雑な州があってあまり時間はないという説もある。

その3日の晩には、FOXニュース主催の「共和党大統領候補のTV討論」がミシガン州で行われた。司会は人気女性キャスターのメーガン・ケリーで、昨夏以来トランプ候補とは確執があったこともあって、「どんな展開になるのか?」と話題を呼んでいた。

討論の冒頭ではいきなりトランプ候補が指名され、「今日のロムニー発言にどう反論するか」という質問が投げられたが、トランプ候補は「いつもの調子」で、「ロムニー氏は自分も支持したが、オバマに勝てる選挙を落とした最低の候補だ」と徹底的に「こき下ろして」終わりとなり、視聴者は「肩透かし」を食らった格好だ。

その後の展開は、ルビオ候補が経済や軍事外交について「保守本流」の立場からトランプ候補を攻撃したが、トランプ候補は「リトル・マルコ(小さなマルコ君)」という蔑称を何度も使いながら、ルビオ候補の発言を妨害し続けて、マトモな論戦にはならなかった。

一方でここ数日評価が上昇していたクルーズ候補は、せっかくワシントンから「一本化はこの人で」というラブコールが出ているにもかかわらず、税制や移民制度などでは相変わらず一匹狼的な「ドヤ顔弁舌」を繰り返すばかりで、精彩を欠いていた。

そんなわけで、共和党の中枢が大混乱になっている一方で、肝心の候補たちは「とにかくお互いを罵りながら、戦っていくしかない」と戦術を改める気配はない。そして罵倒合戦になればなるほど、その道では「プロ」であるトランプがポイントを稼ぐ構造から抜けられないのだ。

このままでは、ポウレンティ氏の言うように、共和党の「翼が折れる」のも時間の問題かもしれない。

「トランプ降ろし」か「暴動」か？

2016/3/22

「筋書きのないドラマ」がヤマ場へ

3月15日に行われたオハイオ州とフロリダ州における共和党予備選は、「正念場」と言われた。何が「正念場」なのかというと、そこには予備選のルールが関係している。アメリカの大統領予備選は、全国50州を巡回するが、勝った州の数を競うのではない。各州ごとに決められている「代議員数」を競い合うようになっており、その数は州の人口比で決まっている。

3月上旬までの予備選は、どこも「比例配分方式」を取っていて、2位以下にも代議員数の配分があったのだが、この2州の予備選は「勝者総取り」ルールとなっている。そこで、仮に首位を走るドナルド・トランプ候補が、この2州で勝ってしまうと、オハイオの66にフロリダの99を加えた165という代議員数を「総取り」できてしまうのだ。

この「165」という数字は大きい。プロ野球のペナントレースと同じで、この「オハイオ＋フロリダの総取り」を実現してしまうと、トランプには「自力優勝」、つまり7月の党大会の前に、代議員総数の過半数である「マジックナンバー（実際にそう言われている）123

7」への到達が現実味を帯びることになっていたからだ。

ところが、トランプはフロリダでは勝って、地元のマルコ・ルビオ候補を撤退に追い込んだ一方で、オハイオではジョン・ケーシック（オハイオ州知事）に負けてしまった。そこでオハイオの「66」はケーシックが総取りして、ここではトランプはゼロになってしまった。

以降、予備選は6月7日まで続く。これから先は「カリフォルニア（代議員数172、勝者総取り）」「ニュージャージー（同51、勝者総取り）」といった、トランプにとって決して楽ではない州があり、こうした州でライバルに総取りを許すと、過半数は遠くなる。また、4月以降にも「比例配分」の州が残っており（たとえばニューヨーク、代議員数は95）、こうした州では勝っても全部は取れないということもある。

そんなわけで、これまでは「噂話」に過ぎなかった「7月の党大会」における「自由投票によるトランプ降ろし」というシナリオが、にわかに現実味を帯びてきた。

つまり党大会の場で「過半数の勝者が出なかった」瞬間に、多くの代議員が「州の予備選結果」から解放されて「自由投票」が可能になるのを利用して、「トランプ以外の人物」を共和党の統一候補に指名しようという作戦だ。

この「自由投票」というのは過去にも例があるが、近年では非常に珍しいことで、まず「名称」が問題になる。歴史的には、この「ガチンコ党大会」のことは「ブローカード・コンベンション」と言うのだが、「オープン・コンベンション」とか「コンテステッド・コンベンション」という言い方もされている。

混乱しているのは名称だけではない。本来、代議員というのは「数合わせ」であって、誰が代議員になるかは、「州の共和党の公費で党大会に参加できる」という「イベント・ツアーへのご招待」以上でも以下でもなかった。だが、仮に「ガチンコの自由投票」になるのであれば、「一体誰を代議員として送り込むのか？」ということが問題になる。

調べてみると、州ごとにいろいろな規定がある。勝者総取り州では、勝った陣営が「代議員を指名できる」規定になっているケースがあるが、一方で「代議員を誰にするかは選挙で決める」という州もある。その選挙は4月にスタートするのだが、従来は「党の長老や高額献金者へのご褒美」として選んでいたのが、トランプ派とアンチの間で多数派工作をするということになると、「真剣勝負の選挙」をしなくてはならない州も出てきそうだ。

実は「出てきそうだ」という曖昧な言い方をしたのには理由がある。こんな事態は想定していなかったので、規定がしっかり決まっていない州もあるし、そもそも党大会の運営ルールの細目の中に、これから決めなくてはならない部分もあると言われているからだ。

トランプを降ろしたとして誰が候補に？

まさにアメリカ人の大好きな「筋書きのないドラマ」がヤマ場に向かっているのだが、では、仮に「トランプ降ろし」に成功したとして、共和党の本流は一体誰を候補にしようとしているのだろうか。

現在2位のテッド・クルーズは「自分こそ」という期待感を持っているようだが、実はクルーズになる可能性は低い。というのは宗教保守派を大票田とするクルーズは、「それ以外での集票力」は極めて弱く、本選では民主党と勝負にならないからだ。

そうなると、オハイオで「トランプを止めた」ケーシックが注目されるが、全国的な知名度はイマイチ。そこで、一斉に大合唱となっているのは「ポール・ライアン下院議長」という名前だ。前回2012年の副大統領候補で、選挙には負けたが知名度があるし、何と言っても議会下院議長というのは大統領に次ぐ権力者である。政治姿勢は「小さな政府論」だが、その他の面では穏健で、無党派層への浸透も期待できる「本格候補」というわけだ。

だが、こうした動きに対してトランプは猛反発している。3月16日には何度も「そうなったら暴動が起きるぞ」という不気味な脅迫を行っている。

実は、ここ数週間、トランプ陣営の周囲はなかり「キナ臭く」なっている。演説集会に押しかけた反対派に対して、支持派の暴力行為が頻発している。それに加えて、反対派への暴行で逮捕された支持者に対して、トランプは「訴訟費用を援助」すると表明。メディアは一斉に「暴力肯定だ」と非難したが、本人には反省の色は全くない。

では、そうした「暴力のにおい」がすることで、世論の支持が「すっと消えていく」気配があるかというと、必ずしもそうではなく、15日の予備選で、オハイオ以外の「フロリダ、ミズーリ、イリノイ、ノースカロライナ」では、トランプは全部勝っている。

暴力問題が批判されている中で「勝ち進む」トランプに対しては、共和党の本流の中には、「どうしても降ろすしかない」という思いも広がっている。これから7月の党大会へ向けて予備選が続く一方で、党大会のルール作り、代議員の選挙の作業が進む。そうした中で、「降ろされるのなら暴動だ」と平気で言い放つトランプとの駆け引きも、ますます激化することが予想される。

続く混迷、ケーシックの浮上はあるか？

2016/3/19

ケーシックとは何者か

前項でも述べたように、3月15日に行われた予備選におけるフロリダ、ミズーリ、イリノイ、ノースカロライナでの勝利で、ドナルド・トランプは「共和党の大統領候補指名選挙の代議員数」を着実に稼いだ。だが、その一方で、この日に行われたオハイオ州予備選では、ジョン・ケーシックという中道候補に「まさかの」敗北を喫している。

勝ったケーシック候補が「総取り」した、代議員数「66」という数字は、これから7月へ向けて大きな意味を持っていく。では、そのケーシックとは何者か。

ブッシュ・ファミリーの期待を担ったジェブ・ブッシュ、キューバ移民の子として「オバマの再現」になるかもしれないと言われたマルコ・ルビオといった顔ぶれが、既に選挙戦からの撤退を余儀なくされる中で「しぶとく」選挙戦を続けているこの人物について、少し話しておこう。

ジョン・ケーシックは、1952年生まれの63歳。ベビーブーマー、日本で言う団塊の終わりの方の世代に属している。生まれは、ペンシルベニア州のマッキーズ・ロックス、要するにピッツバーグの近郊だ。ピッツバーグが製鉄の町として繁栄していた時代に、ダウンタウンからオハイオ川を渡った反対側の少し北寄りにある、庶民的な住宅地として発展した街である。父親はチェコからの移民、母親はクロアチア移民という家庭で、ケーシックは「その双方の文化を継承しているが、家庭の持っていたカトリックの信仰には後に反抗した」と言っている。たしかに、ケーシックというのはアメリカでは珍しい、チェコ系の苗字だ。

1970年に大学に進学するにあたっては、ピッツバーグのすぐ西隣にあるオハイオ州のコロンバスにあるオハイオ州立大学に入学。当時は、公立大学の学費は廉価で、親元を離れて「自立」するために、別の州に行きたかったのだろう。そして、以降は、このオハイオが彼の「地元」となっていく。

この時代は、正にベトナム反戦運動が、アメリカのあらゆる大学で盛り上がっていた。だが、おもしろいことにケーシックという人は、そうした左派の運動を醒めた目で見ていたそうである。反対に、弱冠20歳にして、ニクソン大統領に親近感を抱き、その上で「今のままでは世論の支持を失う」として、ニクソンに対する「若者世代からのアドバイス」を書き送った。

当時のニクソンは、泥沼化するベトナム戦争と、世論の離反に悩んでいたので、その手紙には深い印象を持ったようで、何と一大学生のケーシックをホワイトハウスに呼び寄せて、20分間「教えを請うた」ということがあったそうだ。ケーシックは、後に「あのときは本当に必死で、自分の持っているものを何とかすべて大統領に訴えようとして燃え尽きた」と、その経験が鮮烈であったことを語っている。とにかく不思議な学生だったようである。

「いぶし銀」的輝きのある経歴

そんなケーシックは、とにかく「政治」、つまり文字通りの「利害調整と人心掌握のゲーム」を天職と心得ていたようで、卒業後はほどなく26歳でオハイオ州議会議員に当選、やがて30歳の若さで連邦下院議員に当選（オハイオ12区）、以降9回連続して当選している。

ケーシックの政治姿勢は、この下院議員時代を通じて研ぎ澄まされていく。基本的には「小さな政府論」の共和党カルチャーを中核に、財政均衡主義の闘士であった。したがって、ニュート・ギングリッチ率いる下院共和党が当時のビル・クリントン政権と徹底対決し、最後には「予算を通さずに政府閉鎖」へ追い込むという事態を演出した際には、その「戦犯」と呼ばれたこともあった。

だが、このときのクリントンは、共和党の脅迫に屈することはなく、均衡予算を目指すとしながらも福祉関係のカットは拒否した。そんな中、ＩＴ革命とグローバル金融による好景気が後押しすることで、税収が拡大し、クリントンは「均衡予算」を実現してしまった。

結果的に、このことがギングリッチの政治生命を奪ったのだが、一方のケーシックは、民主党案との是々非々の駆け引きなど、超党派的な行動が評価されて、一時期は「共和党の次世代の星」だという言われ方もしていたようである。そうした機運に乗って、２０００年の大統領選挙の予備選に立候補した。

このときは、ジョージ・W・ブッシュが本命視されていたものの、2世政治家であり、知的な切れ味をちっとも見せないブッシュに対して、ケーシックは闘志をかき立てていたようである。だが、政界では「いぶし銀」の存在として知られていても、全国的な知名度は全くダメ、そして何よりも資金が全く集まらない中で、予備選前年の夏に早々に撤退ということになった。

そこで、ケーシックは政界からもスパッと身を引いている。２００１年から08年にかけては、ＦＯＸニュースでキャスターをやったり、オハイオで「リーマン・ブラザーズ」の地域統括責任者をやったりしていた。リーマンには、同社が倒産するまで在籍している。

その後２０１０年にはオハイオ州知事選に出馬して勝利、景気の低迷する中で、オハイオ州の失業率を全米の平均より速いペースで改善するなど、人気知事になっていく。２０１４年に再選されたときは圧勝で、知事としての支持率は現在でも80％台という報道もある。

そのケーシックが、今回どうして善戦しているのだろうか。

まず、これまでの共和党の予備選では、トランプが暴言で挑発するたびに各候補は自滅してきたが、ケーシックは偶然もあって非常に上手い立ち回りができている。というのは、2015年夏の「トランプがまだ泡沫候補だと思われていた」時期には、「この人は立候補する資格なし」とスパッと切り捨てており、他の候補が「ヘラヘラとトランプ批判」をしている一方で、一人だけ真顔で「この人は絶対にダメ」と断言していた。

そのときは「珍しい直球勝負」とか「ポピュリズム批判じゃあ、大衆の支持はムリでしょ」的な印象があったのだが、今から思えば巧妙な作戦だったように思える。選挙戦がその次のフェーズに移って、いよいよ他の候補が「トランプを叩かないとマズイ」ということで、荒っぽい応酬になっていった際に、今度はケーシックは「政策論しかしない。個人攻撃は一切無意味」だとして、超然として政策論を語ったのだ。

そうした作戦の巧みさもあるが、何と言っても今回の顔ぶれの中で、「中央政界の経験と実務能力」をキチンとアピールできるのは彼だけということもある。トランプは論外として、クルーズは同じ「均衡財政論者」と言っても、ほとんど「財政極右イデオローグ」であって実務家の正反対、ルビオも出身はティーパーティー系、ジェブ・ブッシュは中央政界の経験はゼロ、カーソン医師やフィオリーナに至っては政界経験ゼロ、そんな中で、やはりケーシックの経歴は「いぶし銀」的な輝きがある。

そのケーシックの選挙運動は、実に巧みに練られていて、多くのスピーチが「人情のパート十政策のパート」の2部構成になっている。たとえば、オハイオで勝ったときの勝利演説では、「さっき、ダイナー（簡易食堂）に寄って簡単な食事をしたんですよ。終わって、急いで出ていこうとしたら、お客さんが全員立ち上がって拍手してくれたんです。私はネ、止《や》めてくれって言ったんですよ。なぜかって？　だって、私、そんなことされたら泣いちゃうじゃないですか……」。

もちろん、百戦錬磨の政治家なので計算して言っているのだが、この人が言うと何となくそうかなと思わせる、不思議な人心掌握力がある。ビル・クリントンのカッコいい理想主義的なレトリックとは違う、またレーガン的な華麗な「切り返し」というのとも違う、一種のポップス演歌風と言うか、不思議な味だ。

そのオハイオの勝利集会では、最初に「反対派」が乱入するという騒ぎがあった。たぶん、トランプ派か、あるいはサンダース支持の極左かよく分からないが、何かを叫んでいたのを警備員に連れ出されることになった。そんなハプニングの中、ケーシックはマユをひそめたり、不快感を見せたりすることもなく、むしろ壇上から「事件」の方へ歩み寄って「事態を確認」していた。そして、沈静化すると壇上に戻って、「私は70年代に大学生でしたからね、平和的な異議申し立てというのは全然オッケーなんですよ」と「華麗に」決めて場内の喝采を浴びていた。

こういうのが好きな人には、この時代、かなり「たまらない」感じがあり、そんなケーシックの「持ち味」は少しずつ全国に浸透しているようだ。

この「人情パート」では、各地のミニ集会で、よく「人生の困難に直面している人」を連れてくるという企画をやっている。冷静に考えると計算がそこにあり、TV番組でも作るように、スタッフが「ご当地の悲劇の主人公」を探し出してくるというプロセスがあるのだろうが、いずれにしても「夫が事故死したばかりの女性」とか「商売が傾いて整理したばかりの人」などを連れてくる。

そうした人に悲劇を語らせておいて、そのときはケーシックは聞き役に徹するわけだが、その後で、まるで牧師さんの説教みたいな彼の人生講話が始まる。この人はいろいろな「引き出し」を持っていて、87年に両親が事故で亡くなった際の経験とか、カトリック教会に不満で、かなり突っ張って生きてきたけれども、あるときに別の教会で救われたとか、スピリチュアルだけれども、福音派のような狂信性はない「味な講話」をやる。その上で、そうした「悲劇の人」に笑顔を取り戻させるようなことをする、そんなことをやっている。計算ずくのショーと言えばそれまでだが、「そういうことが好き」な人には人気がある。

「中道というイバラの道」

では、政策論についてはどうかというと、これはもう「中道というイバラの道」を歩こうというテクニカルな努力をずっとやってきた人なので、かなり練られている。

たとえば通商政策に関しては、「トランプの言う保護主義は21世紀の現在には通用しない」として「21世紀は国際競争の時代。アメリカは得意分野で勝負するし、他の各国はそれぞれの得意分野で勝負する。だからTPPも時代の趨勢《すうせい》」だとし、その上で「だが、通商ルールの違反は困る。たとえば韓国の鉄鋼ダンピングなんかは、私は許さない」という調子だ。

軍事外交に関しても、聴衆が理解しそうであれば、「複雑な利害の錯綜」を丁寧に説明した上で、現実主義的な姿勢を打ち出している。「中国は敵（エネミー）ではない。競争相手（コンペティター）だ。だが、南シナ海での行動は許さない」というのは、別にオバマ路線と変わらないが、この人が言うと実務的に「1桁多い複雑なファクターを消化した上で言っている」ように聞こえるから不思議だ。

そうは言っても、合衆国大統領になるような「豪快なカリスマ」とか「分かりやすい理想主義」があるかと言うと、この人はどこか「一流半」的な感じもする。それが魅力だという人も多いが、結局は「政界の黒子」で終わる人材のような印象もある。

ただ、今回のオハイオの勝利で、にわかにメディアへの露出が増え、現時点では共和党主流派の「最後の希望」であることは間違いない。したがって、当面はこの人を軸に予備選の一つひとつを見ていくことになるだろう。

ちなみに、現在まで残っている共和党の大統領候補の中では、代議員獲得数ではケーシックは3位、2位はテッド・クルーズだ。クルーズ陣営では、こっちに一本化するのが筋だと散々吠《ほ》えているが、これから先に予備選がある大票田では、クルーズが頼みにしている福音派票は極めて薄い州（ニューヨーク、カリフォルニアなど）が多く、彼に勝ち目はない。

何よりも、クルーズの政策は「右派に過ぎて本選では全く通用しない」ということが、世論調査データでも出ており、期待はどうしてもケーシックに集まる。ちなみに、各世論調査がやっている「一対一のマッチアップ調査」では、「ケーシックとヒラリーの一騎打ちになったら、どちらに入れるか？」という質問について、「ケーシック47・6％、ヒラリー41・4％」でケーシック有利というのが平均値で出ているそうで、本選の候補として「可能性」があるのは否定できない。

鍵を握る存在に浮上するか？

では、仮にこのまま予備選が五分五分で進み、トランプは「それなりに勝って」ゆくが過半数の1237には到達しない、クルーズは伸び悩むが撤退しない、ケーシックはいくつか勝つがトランプとの差は大きいという状態で、7月の党大会になだれ込んだとする。

おもしろいのは、何とも言えない偶然なのだが、今年の共和党の党大会の開催地クリーブランドは、ケーシックの地元のオハイオ州にある。ゆえに、いざ各代議員の「ガチンコの自由投票」となった際に、ケーシックというのは、全体のカギを握る存在に浮上する可能性がある。

シナリオとしてはいろいろあり、数週間前までは「ルビオ＝ケーシックの正副コンビ」というのが「主流派の夢の組み合わせ」というような言われ方をしていた。だが、ルビオの惨敗が余りに格好悪かったので、この話はないだろう。

今、政界などで一番取り沙汰されているのは、自由投票になったときには、共和党の主流派としてはポール・ライアン下院議長でまとまろうという話だ。その場合は、「ライアン＝ケーシック」の正副コンビになるという可能性もある。

一方で、仮の話だが、今後、ケーシックのブームが起きて「ニューヨーク、ペンシルベニア、カリフォルニア、ニュージャージー」などを取るようだと、ケーシックが大統領候補として「自由投票の際の一本化」、つまり「トランプ降ろしの後の共和党の希望の星」になる可能性もゼロではない。

トランプに関しては、前項で述べたように暴力沙汰が絡んできており、もしかすると今後、大きなトラブルを起こして人気が急落することもあり得る。スキャンダルが絶えない中でも人気を維持拡大する可能性はあるが、その場合は、共和党の主流派としては「我慢ならない」という政治的なマグマはどんどん溜まっていくだろう。

いずれにしても、今回、「トランプを止めた」ジョン・ケーシックという人の存在について、これから7月の党大会まで注目していく必要がありそうだ。

「好感度の低さ」に悩むヒラリー

2016/4/5

思いがけない苦戦

ヒラリー・クリントン候補にとって、今回の大統領選はもっと「余裕の戦い」が可能なはずだった。ジョー・バイデン副大統領が出馬を見送った結果、民主党内でのライバルは、政治的に非主流派のバーニー・サンダースだけになったし、本選の相手となる共和党は、著名な主流派候補が早々に撤退しているからだ。

そのヒラリー・クリントンは、現在、最も次期大統領に近い位置につけているのは事実だ。全国の民主党支持者内における支持率は、51・0％（「リアル・クリア・ポリティクス」の集計による各種調査の平均値）となっているし、党内の代議員数の獲得でも過半数確保へのメドはつきつつある。

4月5日のウィスコンシン州予備選では、サンダース候補が優位という調査データがあるが、4月19日のニューヨーク州、4月26日のペンシルベニア州、そして6月7日のカリフォルニア州など代議員数の多い州では、いずれも大きくリードしており、民主党の統一候補の座を確定させるのは間違いないだろう。

また、11月の本選に関する世論調査でも、相手がトランプ候補の場合は「49・7%対39・1%」と圧勝の気配、相手がクルーズ候補でも「46・4%対43・6%」と有利な数字が出ている。データ上でも「次期大統領の座に最も近い」のは間違いない。

だが、選挙戦の初期、たとえば事実上の出馬宣言とも言える2015年4月の自伝『困難な選択』発刊時などにさかのぼってみると、予備選にここまで「手間取る」ことを誰も予想していなかったのは事実だ。また、現在でも、仮に相手が共和党の中道候補であるジョン・ケーシックになった場合は、「41・4%対47・6%」で相手に優位を許すというデータもある（いずれも「リアル・クリア・ポリティクス」）。

そう考えると、ヒラリー・クリントンの選挙戦は、その現状としては「苦戦」という表現がふさわしい。一体何が問題なのだろう。

好感を持たれない2つの理由

それは彼女が有権者から「好感度」を持たれていないということに尽きる。具体的には大きく2つの問題を抱えてしまっているのだ。

1つ目は、オバマ政権の1期目に国務長官として参画していたことをはじめ、現在の「オバマ民主党政権」の継承者であるヒラリーは、「アメリカの現状に責任がある」とみなされているという問題だ。もっと言えば、アメリカの現状における「エスタブリッシュメント」そのものというわけである。

ということは、格差の問題にしても、経済の先行き不安にしても、あるいは国際社会におけるアメリカの地位低下といった懸念に関しても、「すべて責任がある」ことになる。

またオバマ政権の前のブッシュ政権の8年間には、彼女は上院議員として国政に深く関与していた。特に9・11のテロ事件においては、ニューヨークという被災地の選出議員としてアフガン戦争を支持したし、また2003年にブッシュが開始したイラク戦争にも当初は賛成していた。

つまり、ヒラリー・クリントンという政治家は、特にアメリカの現状に不満を持つ若者にとっては、「オバマの8年」に加えて「ブッシュの8年」を合わせた「過去16年について責任がある」ということになるし、さらに夫のビル・クリントン政権までさかのぼれば「過去24年間のアメリカにおいて常に政治の中枢にいた」ということになる。

そのことは、支持者にとっては「世界の問題を知り尽くしたベテラン政治家」という安心感になるかもしれないが、現状に不満を持つ人にとっては「ありとあらゆる不満をぶつけるターゲットそのもの」になってしまうのである。

2つ目は、一般的なイメージとして「何かを隠している」とか「正直さに欠ける」という印象を持たれているということだ。

具体的には、2012年9月にリビアで大使以下の米外交官が殺害された「ベンガジ事件」の真相を隠しているとか、国務長官在任中に「個人のメール・サーバを使って機密情報を扱っていた」という「疑惑」が取り沙汰されている。

さらに、夫のビル・クリントンの不倫事件について、妻として「許している」という姿勢が「実際は仮面夫婦なのに世間を欺《あざむ》いている」という印象を持たれたり、あるいは夫がアーカンソー州知事の時代に取り沙汰されたスキャンダルが蒸し返される動きなど、「疑惑」の材料は少なくない。

アメリカでは、現在大ヒットを続けているTVドラマ『ハウス・オブ・カード 野望の階段』のストーリーを、クリントン夫妻に重ねる人も多い。自分の信念を実現するために権力を渇望し、そのためには手段を選ばない「アンダーウッド大統領夫妻」のキャラクターは、民主党の政治家という点を含めて、どこかクリントン夫妻のイメージにダブって見えるのだ。

この2つの点から、どうしても「好感度」獲得に苦労している、それがヒラリー・クリントン候補の現状だと言える。極めて有能な政治家であり、有能なだけでなく、経験も豊富とあれば信頼して任せてもよさそうなのだが、イメージがモノを言う現代の選挙制度の中では、こうした「苦労」は避けて通れないもののようだ。

もしかしたら、それは「女性初」の合衆国大統領を目指す上では仕方がないものなのかもしれない。アメリカの有権者に、ヒラリーが「女性だからより厳しく見ている」という自覚はないと思うが、深層心理の部分にはそうした偏見もあるのかもしれない。

それ以上に、現在のヒラリーの立場は「中道というイバラの道」を進んでいるということが指摘できる。イデオロギー的に有権者の耳に心地よい批判が左右から飛んでくる中で、傷つきながらも中道現実主義を訴える、その困難なプロセスを耐えて進むことで、もしかしたらこの人は大政治家に化けるかもしれない。

ニューヨーク州予備選直前、選挙戦は低次元の泥仕合

2016/4/19

ヒラリーvs.サンダースの中傷合戦

4月19日に行われるニューヨーク州予備選を前にして、民主党も共和党も各候補がニューヨーク入りし、選挙戦はヒートアップしている。だが、そこにはまともな政策論争はなく、泥仕合とも言える中傷合戦や、キャラクターを前面に出してのイメージ選挙が主となっている。どうして論戦が低調になるのか。民主、共和両党のそれぞれに異なる事情がある。

まず民主党だが、ここへ来てサンダース候補に勢いが出ている。現時点の代議員獲得数（民主党の過半数＝マジックナンバーは２３８３）で、１３０５のヒラリーに対して、サンダースは１０８６と迫っている。３月22日以降の８州の予備選では７勝と、激しく攻勢をかけてきている。

では、サンダース候補に勝ち目はあるのかというと、基本的には難しいだろう。まず、現時点では、今回のニューヨークに加えて、予備選終盤に向けてのペンシルベニア、カリフォルニア、ニュージャージーといった大票田で、世論調査の結果を基に予測するのであれば、ヒラリ

ーの勝利は確実と見られている。

また、各州の有力政治家などで構成されているスーパー代議員（予備選結果と別に独自投票が許されている）については、全体で712の中でヒラリー支持を表明しているのが469、サンダース支持は今のところ31で、最終的にヒラリーの勝利は動かないと思われる。この点に関しては、2008年の「オバマ対ヒラリー」のような、拮抗した状況の予備選レースにはなっていない。

だが、サンダース陣営は、それでも攻勢を強めている。特に今回のニューヨークでの選挙戦では、まず「強欲な金融界批判」を展開し、そして「ヒラリーは大統領の資格なし」というキャンペーンを続けている。

どうしてヒラリーが「資格がない」のかというと、サンダースによれば、「大企業から献金を受けている」、そして「自由貿易協定に関与している」、さらには最近世界で問題になっている「パナマ文書」スキャンダルに関連づけて、「ヒラリーは脱税ばかりしている大企業に支持されている」としている。

したがって「ヒラリーは大統領になる資格はない」というのだ。こうなると、中傷合戦というよりも「ヤジり倒し」に近いのだが、サンダースの集会は大勢の支持者を集めている。その結果として、4月14日にニューヨークのブルックリンで行われた両者のTV討論も非難と防戦、つまり「ああ言えばこう言う」という言葉の応酬ばかりで、政策論争と呼べるようなものではなかった。

そんな中、ヒラリーがニューヨーク入りしたときに、地下鉄に乗って乗客との対話をしようとしたのだが、その際に磁気カード式の切符の使い方に「4回も失敗した」として、「ヒラリーは日頃から地下鉄なんか乗っていないので改札の通り方を知らない。要するに庶民性がない」といったネガティブ・キャンペーンも張られている。

この点に関しては、ニューヨークのブルックリン出身のサンダース候補は、「自分は地下鉄の乗り方は知っている」と見栄を張ったものの、「トークン（専用コインの切符、10年以上前に廃止）だろ」と、全くトンチンカンな答えをして失笑を買っている。どっちもどっちという中で、メディアの報道もかなり低次元になってきた。

共和党も政策論争は置き去り

低次元と言えば、共和党の選挙戦もおかしなことになっている。たとえば、4月11日からCNNは3夜連続で「各候補者とのタウンホール・ミーティング」という番組を放映した。トランプ、クルーズ、ケーシックの3人を呼んでじっくり政策を聞くのが主旨かというと、そうではなく、今回は「候補者の家族インタビュー」という企画だった。

3人の中で、等身大のファミリーを紹介して候補の人柄が分かるようなインタビューになったのはケーシックだけで、トランプは夫人と、4人の子どもたちをズラリと並べて「ファミリー」の結束を売り込んでいたし、クルーズは幼い娘に「ホワイトハウスに入ったらゲストにテイラー・スウィフトを呼んでほしいな」と「演技」をさせるなど、まるで芸能ショーのようなことになっていた。

だが、特にトランプ一家が登場した回は、視聴者数が210万人と、「お堅いCNN」としては前代未聞の数字を叩きだした。特に長女のイヴァンカ・トランプが人気者になっているのだという。こうなると、まともな政治討論とは全く別物の、低次元な選挙戦と言わざるを得ない。

一方で、ここへ来て、7月の共和党大会では、「トランプが1位だが過半数は取れない」という状況に陥る可能性が濃くなってきている。そうなると、第2回投票以降は、順次各州の代議員が「予備選結果の拘束から自由」になっていく中で、「自由投票による候補指名」が現実のものとなる。

この「自由投票」に関しては、トランプ陣営としては「予備選の1位が統一候補になれないルールはおかしい」という攻撃を強めているが、共和党の全国委員会は「ルールはルール」だとして「たとえばリンカーンも、党大会の第1回投票では負けたが、自由投票で指名された」

という歴史的な前例も持ちだして、あくまで「トランプ降ろし」を進める構えだ。

その「自由投票」の際には必ずしも予備選に名乗りを上げていない政治家も対象になるとして、一時期下馬評に上がっていたのは、ポール・ライアン下院議長だ。だが、ライアン議長はここへ来て「自身は大統領候補にはなるつもりがない」という声明を出し、政界に波紋を呼んだ。

もっとも、この声明を「完全に額面通り」受け取る人間は少ない。下院議長というのは議会の最高権力者で、万が一大統領と副大統領が欠けた場合には、その場で大統領に昇格するという重要な存在だ。その下院議長としては、あくまで「候補になる」ことには消極姿勢を見せることで、キングメーカーの権威を獲得することが狙いであり、またホンネの部分では「候補になることも満更ではない」と思っているという解説もある。

民主党が罵倒合戦になっているかと思えば、共和党は、表面で「華麗なファミリーを交えた芸能ショー」が進行する一方で、舞台裏では「党大会での自由投票をめぐる水面下の動き」が進行するという二重構造になっている。いずれにしても、両党ともに真剣な政策論争は完全に置き去りになっている。

2016/5/3

ヒラリー、トランプ圧勝。だが両者とも「死角だらけ」

サンダース、いまだ撤退を宣言せず

4月26日に行われた「ペンシルベニア、メリーランド、デラウェア、コネチカット、ロードアイランド」予備選の結果、民主党はヒラリー・クリントンが4勝1敗、共和党はドナルド・トランプが5勝0敗と、それぞれ1位の候補者が圧勝した。これで「統一候補への指名に大きく近づいた」というメディアも多い。

だが、本当にこの2人が大統領の座に近づいたのかというと、まだまだ「ドンデン返し」の可能性は残っている。

まず、民主党だが、現時点の代議員獲得数（民主党の過半数＝マジックナンバーは2383）では、ヒラリーが2168に対して、サンダースは1401と大きく差がついた。ヒラリーは、残り215となっているが、たとえばカリフォルニアは1州だけで546あり、ここで40％取ればもうこれで「決定」である。

サンダースは事実上敗北した。常識的にはここで「コンセッション・スピーチ（敗北宣言）」

を行い、以降は民主党内の「一本化」に協力するのが筋だろう。だが、26日の演説では、サンダースは撤退を宣言しなかったばかりか、サンダース陣営は、以降も選挙戦を続けるというのだ。要するに、全米に対してメッセージを訴え続けたいというのである。

とにかくヒラリーは「ウォール街から献金」を受けており「大企業と癒着」しているから「自由貿易を支持」しており、そのために「若者の雇用が奪われている」というのである。こうした理由に基づいて、「ヒラリーは大統領になる資格なし」と叫び続けているのだが、そうしたメッセージに支持が集まるだけでなく、一口10ドルとか20ドルの個人献金が入り続ける中では、選挙戦を継続することもできてしまうのである。

トランプをめぐるドンデン返しの可能性

一方、共和党の方ではトランプが「5戦5勝」する中で、獲得代議員数では988と、こちらもマジックナンバーの1237に接近してきた。3位のケーシック（代議員数152）はもとより、2位のクルーズ（同568）も既に計算上は、7月の党大会までに過半数に達する可能性は消滅しており、トランプの「全国での1位」は確定している。

問題は、トランプが党大会の段階で「1位だが過半数に達しない」場合は「党大会での決選投票が段階を追って徐々に自由投票になる」という中で、共和党の全国委員会が「トランプ以外の候補」を代表指名に持ち込む作戦が機能するかということだ。

そのために、4月25日には突然「2位のクルーズと3位のケーシック」が選挙協定を結んで、「インディアナ州はクルーズに」、そして「オレゴン州とニューメキシコ州はケーシックに」という票の交換をするという動きも出てきた。仮に、この3州の中で、たとえばインディアナをクルーズが取れば、たしかにトランプは僅差で1237に届かなくなる。

だが、ここへ来て「違う説」も出てきている。7月の党大会の前、すなわち予備選が全部終了した段階で「トランプが1位だが僅差で過半数割れ」という場合には、トランプ陣営としては、その「僅差」を埋める「マル秘作戦」を用意しているというのだ。

たとえば今回予備選のあったペンシルベニア州は、「代議員数71」の大きな州だが、そのうち「予備選の勝者総取り」となるのは17票に過ぎず、54票に関しては最初から「自由投票」になっているのだという。また、ノースダコタ州などは、14の代議員が最初から「自由投票」、また既に撤退したルビオ候補が持っている171の行方についても諸説ある。

ということは、トランプ陣営が「手を回しておいて」こうした代議員を「一本釣り」すると、党大会の「第1回投票で過半数超えのサプライズ」が可能になるというのだ。

だが、そこには「落とし穴」もある。この予備選だが、「私的な政党の内部の選挙」だから、70年代の日本の自民党で派手に行われていたように、買収や饗応《きょうおう》が可能とされている。さすがに「外国の個人や企業からの献金や接待」は禁じられているが、国内であれば相当なカネが飛び交っても罪にはならない。

むろんだからと言って、何でもアリということにはならない。トランプの支持者であれば、「ルールをよく知っているのは俺様」というトランプのロジックに疑問を持たないかもしれないが、仮に本選に行った際に「カネで買った統一候補の地位」というような報道が飛び交えば、浮動層の票は取れないだろう。また党大会の最中に、そうした「金権選挙疑惑」が飛び出す可能性もある。アメリカ人は、この種のスキャンダルには非常に厳しいからだ。

そうした場合には、共和党は誰を指名するのだろうか。下馬評の高かったポール・ライアン下院議長が「辞退」を宣言した（撤回の可能性もゼロではないが）現在、クルーズ候補では「本選で勝てない」ということを考えると、浮上するのはジョン・ケーシックかもしれない。

ヒラリーにも2つの危険

そのような「ドンデン返し」は民主党の場合には起き得ない。だが、ヒラリーが安心して選挙戦を進められるかというと、そうでもないのだ。問題はサンダースの「ヒラリーの大企業癒着批判」という捨て身の戦法が続いているということだ。その結果として、ヒラリーに「ダーティーなイメージ」がジワジワと広がっている一方で、ヒラリー自身の政策はどんどん左に引っ張られるという現象が生まれている。

そんな中、ヒラリーには2つの危険が生まれている。

1つは、あまりにサンダースの批判が浸透すると、仮に相手がトランプになった場合に、「大企業と癒着して献金を受けているヒラリー」よりは「自分で稼いだカネで選挙戦をやっているトランプ」の方が「まし」という心理が、無党派層に生まれるという可能性だ。

さすがにトランプ支持に回る票は少ないにしても、民主党の基礎票の一部、そして若者の多くが棄権に回る可能性はある。そんな中、誰も予想しなかった「ヒラリーがトランプに負ける」という事態が生まれるという可能性も、全くゼロではなくなってきている。

2つ目の危険は、共和党大会が二転三転した結果、何らかの奇跡が生まれ、「人生の機微に通じた中道現実派」であるジョン・ケーシックが共和党を代表して出てくるケースだ。この組み合わせになった場合だが、全国の世論調査の平均値としては「41・4％対47・6％」でケーシックが圧勝するという数字が既に出ている（リアル・クリア・ポリティクス調べ）。

仮にサンダースに引っ張られて政策が左に寄ってしまうと、たとえばケーシック相手の本選では余計に不利になるということもある。ヒラリーにとっては絶対に避けたいシナリオである。

米大統領選は、本選へ向けて「大勢が固まりつつある」という声があるが、とんでもない。ここから先は地雷続きの大変な局面に入っていくことになるとも言えるのだ。

2016/5/17

「トランプvs.ヒラリー確定」と言われる中での「不穏な空気」

事実上、候補者確定

日本でゴールデンウィークが続く間に、アメリカの大統領予備選は大きく展開した。まず共和党では、5月3日のインディアナ州予備選の結果を受けて、テッド・クルーズとジョン・ケーシックの2人の候補が撤退宣言に追い込まれ、ドナルド・トランプ候補がただ一人の候補として残った。

そのトランプ候補は着々と代議員数を獲得しており、現在の獲得数は1134。マジックナンバー（過半数超え）の1237まで残り103となった。ライバルをすべて脱落に追い込んだ現在、最終勝利ライン到達は時間の問題だ。

一方で、民主党の予備選に関しては、ヒラリー・クリントン候補の勝利が事実上固まっている。現在の代議員獲得数は2240で、マジックナンバー（過半数超え）の2383までは残り143。たとえば6月7日のカリフォルニア州予備選（代議員総数546）で4分の1強を取れば、統一候補の座は確定する。

ということで、選挙戦の焦点は「トランプ対ヒラリー」、つまり11月の投票日を目指した「本選」レースがスタートしている、はずだった。

ヒラリーが抱える3つの問題

ところが、状況はそう単純ではない。

まず、民主党だが、ほぼ負けの確定しているバーニー・サンダース候補が選挙戦を止める気配がない。それどころか、ヒラリー批判をどんどんヒートアップさせる中で、ヒラリーの勢いを止めているのだ。特に5月3日のインディアナ州予備選では、事前の調査ではヒラリー有利だったのを直前にひっくり返して52・5％対47・5％の差で勝利。さらに5月10日のウェストバージニアでは、51・4％対35・8％という大差でヒラリーを圧倒した。

どうしてなのか。現在、ヒラリー陣営は3つの問題を抱え、これがダメージになっているという見方がある。

1つは、雇用に関する姿勢だ。衰退の進む石炭産業について、ヒラリーは3月のTV討論で「温暖化対策」のために「閉山を進めて、その代わり同じ人々に再生可能エネルギー産業の場で活躍してもらう」と述べていた。その主張自体は、何も問題はないはずだった。

だが、その中で「我々は閉山を進めて、炭鉱労働の仕事もなくす」とハッキリ言ってしまっていた。CNNのその部分の映像が編集され、拡散されたのが大きなダメージになった。5月10日に負けたウェストバージニアは、まさにこの石炭産業衰退に苦しんでいる土地柄であり、ヒラリーは富裕層の味方で、衰退産業の雇用には冷淡というイメージが広まったのだ。

2つ目は「ゴールドマン・サックス」問題だ。大手投資銀行である同社の社内研修にヒラリーが呼ばれて、3回連続の講演をしたのだが、その報酬が3回で67万5000ドル、つまり日本円で約7000万円だったというのである。

問題は、この話があまりにも有名になっているということだ。サンダースは「ヒラリーはウォール街と癒着している」というキャンペーンを張っているが、そこに格好の材料を提供した形になってしまった。

3つ目は、私有のメールサーバで公務をしていたという疑惑でFBIの聴取が進行しているという問題だ。ヒラリーの側近であるフーマ・アバディーン氏が聴取されたという報道もあり、ヒラリー本人の聴取も間近と言われている。この問題に関して、ヒラリーは「接続の利便性を優先していただけで、悪意はなかった」という弁解をしているが、問題が解決しない中でジワジワと足を引っ張っている。

そんな中で、サンダース陣営は、最後の6月7日に予定されているカリフォルニア州予備選まで粘り続ける構えだ。サンダース陣営は、ヒラリー候補が「マジックナンバーに届く」かどうかは問題ではない、としている。というのは、ヒラリーの絶対的優位は「スーパー代議員制度」、つまり「党幹部の個人票」が支えていることによるのだが、サンダースはそこに手を突っ込むと宣言しているからだ。

実は、ヒラリーが現在獲得している2240の代議員数のうち、502はこのスーパー代議員の「支持」を獲得したものだ。では、サンダースはというと、このスーパー代議員からは41しか支持を得ていない。サンダース陣営によれば「スーパー代議員制度はワシントンの政界秘密クラブ」であり、そこでのヒラリーへの圧倒的な支持は「談合であって民意を反映していない」というのである。

サンダース陣営が予備選結果をほぼタイに持ち込んだ上で、こうした主張を始めると、7月にフィラデルフィアで行われる民主党の党大会が混乱する可能性もある。そこまでいかなくても、党として、そしてヒラリー候補のイメージダウンは避けられない。

共和党内の不透明なムード

一方の共和党内でも「不穏な空気」がまだ続いている。

5月3日から4日の「トランプが事実上の統一候補に確定」という展開を受けて、あらためて「ブッシュ父子、ライアン下院議長、ロムニー、マケイン」といった顔ぶれは、「トランプ不支持」を打ち出している。

こうした状況についてトランプは激怒しており、メディアは早速「内戦本格化」などと囃《はや》し立てることとなった。5月12日には、ライアン下院議長とトランプが直接会談を行うということで注目が集まったが、結局「建設的な意見交換ができた」と双方から発表があったものの、ライアン下院議長は、ここでも「トランプへの支持」を見送っている。

こうした雰囲気を受けて、トランプと一緒に選挙は戦えないという共和党主流派では、「保守系の無所属候補の擁立」という話がいまだ消えず、何とも不透明なムードが漂っている。

要するに、民主、共和ともに「1位候補が不人気」だが、両党ともに「1位降ろしはテクニカルにほぼ困難」という現状があり、にもかかわらず「反対グループが抵抗を止めていない」現状がある。要するに両候補ともに、党内を全くまとめ切れていないのである。

そんな中、トランプ候補は「最低賃金アップ」+「富裕層課税強化」といった左派寄りの政策をチラつかせて（後に撤回）、サンダース支持派の取り込みを図っている。富裕層の代弁者とされるヒラリーよりは、自分の方が「庶民の味方」だから「こちらへ」というわけだ。

その結果として、「ヒラリー対トランプ」という本選対決を想定した世論調査の中には、トランプの数字が好転しているという結果も見られるようになった。残り6カ月を切った大統領選は、まだまだ筋書きのないドラマが待っていそうだ。

2016/5/31

ヒラリーもトランプも、党内事情はまだガタガタ

いまだ問題山積の両陣営

日本では、G7サミットとオバマ大統領の広島訪問のニュース一色だったが、アメリカでは大統領選が着実に進展している。特に、5月26日にはトランプ陣営、ヒラリー陣営で、それぞれ大きな動きがあった。

まずトランプの方だが、CNNが「獲得代議員数が1237のマジックナンバーを超えた」と報道し、他のメディアも追随している。この日に予備選があったわけではないのだが、CNNによれば、共和党の制度にも、民主党ほどではないにせよ、自由投票権を行使できる党幹部などの個人票がある。その多くをトランプ候補が固めたことにより、「事実上」ではなく「公式」に、代表候補の座を確定したというのである。

一部には、そのような報道をしておけば、6月7日にカリフォルニアやニュージャージーなど、最後の大票田での予備選で結果が出た際に、おそらくそこで行われる、ヒラリーの最終的な勝利宣言のインパクトが高まる、という効果を指摘する声もある。とにかく、これからの予

備選最終段階におけるヒラリーのメディア露出を最大にするためには、トランプについては「事前に結果が出ていた」方が好都合、そんな意図的な報道だという声だ。だが、トランプ陣営としては勝ちは勝ちであるし、実際に個別の票を検証してみると、過半数超えは事実だということのようだ。

いずれにしても、勝利が確定したことでトランプが勢いづいているかというと、必ずしもそうではない。まず選対の中がガタガタしている。当初から選挙戦を仕切ってきたコーリー・ルワンダウスキーという選挙参謀は、暴力沙汰を起こしたり、党の中枢から嫌われているなど、問題が報じられていた。そこで陣営としては、党の幹部に人脈を持っているという触れ込みのリック・ウィリーという選挙のプロを採用して、ルワンダウスキーの上司という扱いにしていた。

ところが、ウィリーが工作しても、一向に党の中枢との関係は改善しないし、特に財界関係などの大口の献金を用意している共和党の支持団体が、なかなかトランプ支持を打ち出してこないのである。そこで選対内部で対立があったようで、結果的にルワンダウスキーがウィリーを追放する格好になったようだ。このニュースは、トランプが今でも「大人の候補として脱皮」ができていないという印象を与えるとともに、トランプに忠誠を誓うルワンダウスキーを中心とした選対本部が、共和党の中枢とは水と油、という印象をあらためて広めることとなっている。

一方の民主党だが、ヒラリー陣営でも大きな動きがあった。以前から問題となっていた「メール疑惑」について、国務省の「内部監査チーム」が、「個人のメールサーバ使用により、ヒラリーは国務省の省内規程に違反していた」という報告書を出したのである。

民主党の政治家であるヒラリーを、同じ民主党の政府の一員である国務省が監査してルール違反だと指摘するとか、司法省がFBIを使って捜査するというのは、意外な感じもあるかもしれない。だが、アメリカ政府の職員といっても、法律専門職の場合は、それぞれが法律家として公正な仕事をするかどうかが、その後のキャリアを左右してしまうので、そう「お手盛り」はできないようになっている。

そんな中、一部には、「省内監査で違反を指摘」する代わりに、「FBIは不起訴」というあたりが「落としどころ」という声もあるが、世論に対するイメージダウンになることは無視できないだろう。

その民主党では、サンダースが6月7日のカリフォルニア予備選まで「走りきって」自分のメッセージを広めるとしているが、ここへ来て、「ヒラリー叩き」のテレビCMを流しすぎて選挙資金が枯渇してきたという報道もある。そろそろサンダースも「手仕舞い」をする時期になってきたようだ。

注目の副大統領候補は?

両候補ともに、まだ「問題を解決できていない」中で、当面の注目は副大統領候補の人選となる。それぞれが、副大統領候補に「自分の弱みを補う人物」を採用できるかが、これから党大会、そして本選へと選挙戦の勢いをつけていくための、大きなステップになるからだ。

まずトランプだが、人選が難航していると言われている。勝てる態勢を作るためには、保守本流の政治家を副大統領候補として迎え、有権者に「安心感」を与えなくてはならない。だが、依然として保守本流の政治家たちとの和解はできていない。党の事実上のリーダーと言えるポール・ライアン下院議長は、依然として「トランプへの支持表明をしていない」のである。

そんな中で、一部にはトランプの「意中の人」として、ウィスコンシン州のスコット・ウォーカー知事の名前が挙がったことがある。職員組合と徹底的に対決して、何度もリコールの危機を乗り越えながら州財政のリストラを進める知事は、「保守本流」からも支持が高いし、庶民派の政治家として人気があるからだ。

だが、そのウォーカー知事に近いとされる選挙参謀のウィリーを「追放」したことで、その線は消えたと見られる。とにかく、党の主流派と何らかの和解をして、中道票にもアピールするような信頼度の高い実務家を副大統領候補にする、これを7月の党大会までに実現することは、トランプ陣営にとって「勝利のために絶対に必要」な条件だ。だが、残された時間は少ない。

同じことはヒラリー陣営にも言える。こちらも早くサンダース陣営との和解を実現するとともに、格差問題に敏感な、若い世代に支持される政治家を副大統領候補に据える必要がある。両候補ともに本選への戦闘態勢がまだまだ整っていない中、7月の両党党大会へ向けて、党内一本化への駆け引きが続く。

ついにサンダースもヒラリー支持へ

2016/6/14

やっとヒラリー支持に一本化

6月7日は米大統領予備選の事実上のフィナーレとなった。共和党の予備選は早期にトランプ候補以外の候補が「撤退」して事実上終結しているが、民主党もこの7日のニュージャージー、カリフォルニア両州で決着したと言っていい。

実は、この前々日の5日には、プエルトリコでの党員集会があり、そこで獲得した代議員数を加えると、ヒラリー・クリントンは6月6日の時点で過半数に達していた。これに加えて7日の予備選では、まずニュージャージー州で「63％対37％」という大差で勝利。一時は僅差と言われていたカリフォルニア州でも、10％の大差をつけてヒラリーは勝っている。

約5カ月にわたる予備選を通じてヒラリーを苦しめたサンダースだが、希望を託した最後のカリフォルニアで思うように票が伸びず、これで誰が見ても「勝負あった」という形になった。

そのサンダースは、その晩の集会では「撤退」は口にしていなかった。相変わらず「我々の政治革命（ポリティカル・レボリューション）は続く」と叫んで支持者の喝采を浴びていた。

だが、同じ演説の中でサンダースは「オバマとヒラリーから電話があった」ことを明かすとともに、9日にはオバマとの会談を行うと予告していた。

また、過去に例のない厳しい口調で「トランプが大統領になるのは阻止しなくてはならない」と述べており、この7日の晩の段階で暗に「ヒラリー一本化」へ動くことを示唆している。そうは言っても、支持者の多くは若者で、ヒラリーには良いイメージを持っていないし、党のエリートへの反発心もあって、サンダースの「撤退」を認めないか、あるいは「サンダースが候補にならないのなら棄権する」という動きもあった。

そこで、大統領の調停を待つ格好で「7日の晩の撤退宣言は見送った」というのが真相だろう。若者たちも、サンダースが「ヒラリーの今回の勝利を讃えたい」と言った部分ではブーイングをしたが、「大統領と会う」という部分では拍手していたから、内心では「撤退が近い」ことを悟っている雰囲気だった。

その上で、翌々日の9日には「オバマ＝サンダース会談」がホワイトハウスで持たれた。両者は終始笑顔を見せていたばかりか、会談後にサンダースは「自分はヒラリーとともにトランプを倒す」という言い方で、事実上ヒラリーへの支持を表明している。

前後してオバマ大統領自身も、ハッキリと「ヒラリーを支持する。早く一緒に遊説に回りたい」というビデオメッセージを流し始めた。また、サンダース支持と見られていた人気女性政治家のエリザベス・ウォーレン上院議員も「ヒラリー支持」を打ち出し、民主党はようやく「一本化」へと動き始めた。

「トランプ大学」をめぐるスキャンダル

では、これで「ヒラリー対トランプ」の本選「真っ向勝負」が始まるのかというと、そう簡単にはいかないようだ。

というのは、共和党の方が再度ガタガタし始めたからだ。共和党では、一足早くトランプ候補が代議員数の過半数獲得を確定しただけでなく、党幹部の多くもトランプの勝利を認めて支持を表明し始めていた。

だが、そこへ大きな問題が起きたのだ。トランプをめぐるスキャンダル報道は、過去にも無数にあったし、そこでメディアやワシントンの「本流政治家」がいくら批判しても、トランプはそのたびに支持を伸ばしてきている。だが、今回はそのパターンとは違うのである。

その発端は「トランプ大学」だ。この「トランプ大学」というのは、大学とは名ばかりでキャンパスはなく、いわば通信教育によるビジネスセミナーとでも言うべきもので、要するに「トランプの成功術に学んで億万長者になるノウハウ」を教えるというのが触れ込みだった。

だが、このトランプ流の「教育ビジネス」は、数千ドルから1万ドル、つまり数十万円から百万円超という受講費の割には「効果がなかった」として、多くの受講者との間でトラブルが発生し、一部は訴訟に持ち込まれている。

その訴訟を指揮している連邦地裁判事に対して、トランプが激しい個人攻撃を仕掛けているのだ。この判事は、インディアナ州生まれのゴンザロ・クリエル氏だが、トランプはこともあろうに、この判事の「人種」を問題にしたのである。それはクリエル判事がメキシコ系のヒスパニックだという点だ。

トランプは、複数のインタビューで「要するにアンチ・トランプというのは明白。私はメキシコとの間に壁を作ると言っている。ヒスパニックだからそれを嫌っているに違いない。そのような男には公平な裁判はできない」という暴言を繰り返しているし、演説会でも「私は絶対に負けない」と一切反省の気配はない。

これに対しては、共和党の中枢からも激しい反発が出ている。いったんは「トランプ支持」を明言していたポール・ライアン下院議長も、「これは教科書で言う差別発言の定義そのもの」だと厳しい批判をしている。11月に大統領選と同時に改選を迎える共和党知事の中からは、「これでは選挙が戦えない」という声も出ている。

トランプとしては「謝罪すれば済む」話なのだが、そのタイミングを逸する中で、本人は「クリエル判事に対してますます怒りを募らせるだけ」という事態となっている。ここに至って、「トランプは人種差別主義者だから、そもそも大統領候補の資格がない」という声も出ており、7月の共和党大会では「選出のルールを変更してでも、トランプを排除すべき」という声が、再度出始めている。

このスキャンダルでトランプ陣営が「大炎上」している中で、民主党サイドは「一本化」を打ち出せていることになる。「サンダースとヒラリーに分裂」していた民主党をトランプが「高みの見物」をしていた前週以前の状況とは、形勢が完全にひっくり返った格好だ。

大統領選は「ファミリー・ビジネス」

2016/6/28

トランプ、選対本部長を解雇

6月20日にトランプ陣営から発表されたニュースは、全米を駆け巡った。選挙戦の初期から陣営の選対本部長を務めてきたコーリー・ルワンダウスキー氏が突如解雇されたというのである。ルワンダウスキーという人物は、メディア対応などでの強引な手法で知られるとともに、記者への暴力事件で逮捕されるなど（ただし不起訴）、「コワモテ」で有名であり、同時にトランプ陣営の「顔」とも言うべき存在だった。

トランプ候補自身、大きなスピーチの際には必ずルワンダウスキー氏を伴い、何かにつけて労《いたわ》っていたこともあり、この2人は二人三脚で選挙戦を進んでいく、そう誰もが思っていただけに、このニュースは驚きをもって受け止められている。

その後、徐々に分かってきたのだが、ルワンダウスキー氏の解雇の背後にいるのは、「トランプ・チルドレン」、つまり候補の成人した3人の子どもたち、長男のドナルド・ジュニア、長女のイヴァンカ、次男のエリックらしい。この点に関しては陣営内部からの証言があり、3

人が父のところへ行って選対本部長の解雇を強く迫ったというのである。

解雇が発表された当日、ルワンダウスキー氏はCNNなどのインタビューに応じ、「自分は、トランプ氏の歴史的な選挙戦に関与できて誇りに思う。今回のことは何かの確執とか対立ではない。ただ、選挙戦に変化の時期が来たということだ」と淡々と答える中で、「チルドレン」との路線の相違に関しては否定しなかったということがある。

また21日になって長男のドナルド・ジュニアがインタビューに答えていた中でも、「選挙戦を変化させる時期」だということを明言しており、やはり「チルドレン」が主導しての人事であったことが感じ取れる内容だった。

この「チルドレン」だが、ドナルド・ジュニアとイヴァンカがペンシルベニア大学、エリックがジョージタウン大学という名門を卒業しており、3人ともに父の不動産ビジネス、つまり「トランプ・オーガニゼーション」社の「エグゼクティブ・バイス・プレジデント」つまり「上級副社長」として、事実上、一家のビジネスに関する日々の経営を担当している。

また、この3人に加えて、イヴァンカの夫である、ジャレッド・クシュナー氏の意向も反映しているらしい。このクシュナーという人は、トランプと同業の不動産ビジネスを手掛けるクシュナー財閥の御曹司で、新聞社の経営にも乗り出している人物。彼を加えた4人が事実上の「チルドレン」という見方もある。

報道によれば、「チルドレン」の意向というのは、父親に「大統領らしい」威厳のある態度へとイメージチェンジをしてもらうこと、そして共和党の本流政治家たちと建設的な協議をして共和党の団結を実現すること、であるという。その点で言えば、「常に暴言を吐き続けて支持を獲得する」、つまり一種の「炎上商法」のようなルワンダウスキー流とは「共存できない」もののようだ。

一部の報道では、6月12日に発生したフロリダでの乱射事件を、直後から政治問題化して自分の「政治的得点」にしようとした動きが、かえって支持率低下を招いたことで、「ルワンダウスキー路線」に対する「チルドレン」の忍耐が最終的に限界に来た、という解説もある。

実際に、ルワンダウスキー氏の解雇直後に行われたスピーチでは、トランプ候補はプロンプターを使用して用意された原稿を読み上げていた。これまでのような「ところで（By the way）」と言っては、本論から「脱線」して「アドリブ」で暴言や放談を繰り広げるスタイルとはかなり違ってきているのは事実のようだ。

6月24日に、イギリスのEU離脱の国民投票結果の判明直後にスコットランドで会見をした際にも、トランプは淡々と自分のゴルフコースのPRを行うだけだった。質疑応答では、相変わらず「離脱賛成」の立場を明確にしてはいたが、決して「勝利に浮かれる」ことはなかった。その会見には「チルドレン」が勢揃いしており、特にイヴァンカは会見の間ずっと父の隣に寄り添っていた。その光景は「暴言を吐かないように監視」していたように見えたのである。

ヒラリーの娘チェルシーの戦線復帰

こうした「新路線」が、今後の選挙戦での支持率向上に効果があるかどうかは、大いに注目されるところだが、一方で、ライバルのヒラリー陣営にも「ファミリー」の動きがあった。6月19日に、ヒラリーとビル・クリントン夫妻の一人娘チェルシーに第2子が誕生したのである。第1子は女の子だったが、今度は男の子ということで、ヒラリー候補自身は選挙戦の中で「大喜び」していた。

重要なのは、ヒラリー候補が「男の子のおばあちゃん」になったということではない。そうではなくて、これで娘のチェルシーが事実上の選挙参謀にカムバックできるのだ。現在のヒラリー陣営は、多くの優秀なスタッフを抱えて、組織で選挙運動を進めているが、そもそもこうした陣営の基盤を作ったのはチェルシーだった。

また、ヒラリー候補が、現時点でも「若者層への浸透」に苦しんでいる中、選挙戦の最前線にチェルシーが出てくるということは、相当な効果が期待される。前回の2008年にオバマと対決した予備選の際にも、彼女の活躍でSNSやネットを使った戦術が立ち上がっていった経緯もある。

いずれにしても、奇《く》しくも6月のこの時点で、ヒラリーとトランプの両陣営ともに、選挙戦を「ファミリー・ビジネス」として戦う態勢ができてきた。そして全員が30代である子どもたちの戦いは、この新世代による本格的な国政選挙の場での戦いということにもなるわけで、こちらも注目だ。

第三部　何が勝敗を決したのか？

——選挙戦レポート'16・7〜'16・11

感情論に動かされる政治、日米英の比較

2016/7/2

英国では「EU離脱派」が勝利

英国では国民投票で「EU離脱派」が勝利するという異常事態が発生している。また、アメリカでは依然としてトランプ現象が続いている中、いよいよ7月という「党大会」の月を迎えた。一方で、日本では参院選と東京都知事選が進行中だ。

この3カ国で進行している「政局」には何か共通点があるのか、あるとしたら何なのかについて、考えてみたい。

強く感じるのは、政治における「感情論」からの批判が強くなっているということだ。BREXIT（英国のEU離脱）という事態を生んだのは感情論が主だと言えそうであるし、トランプの主張もほとんどが感情論だ。選挙戦からの撤退が近いとされるバーニー・サンダースの主張も左派的であるものの、感情論が主体になっている。

日本の場合は、政局の全体を感情論が覆っているわけではないが、喫緊の課題では「ない」安全保障や憲法論議が前面に出る中で経済・財政政策の議論が疎かになっていること、東京都

知事というポジションの去就に関する関心が「芸能ショー化」していることなど、やはり政治が感情に左右されている面は濃厚にある。

どうしてこの日米英の3カ国で、感情論が政治を動かしているのだろうか。

その底流にあるのは、既存の「対立軸」が、上手く機能しなくなっているということだろう。まず、英国の場合、伝統的に、保守党と労働党がそれぞれ、富裕層と労働者階級を代表する。そして保守党が緊縮財政を中心とした「小さな政府」と国権論を、労働党が「英国流福祉」の維持と国際協調をという形で、二大政党が「国内のすべてのニーズ」を二分して代表する。単純化して言えばそうした構図があった。だが現在は、その両党が「世論を二分して代表する」ということができなくなっている。

その原因として、1つにはブレア政権という「第三の道」を経験することで、労働党が経済・財政政策においても、軍事外交政策においても「左から真ん中」にシフトしたこと、これに加えて2つ目には、2009年以降の欧州金融危機、そしてEUのソブリン危機などを通じて、経済のファンダメンタルズが揺らいだということがあると思われる。

経済が危機的になると、どうしても財政には余裕がなくなる。そんな中で、再分配が難しくなるなど、「政策の自由度」は下がる。そして、国家の舵取りを行う上では、どうしても「全体が破綻しない」ことばかりに目が行き、国民の全体に目を配ることができなくなっているということがあるように思われる。

オバマの中道実務路線に対する左右からの不満

この点から見ると、アメリカにも似たような構造がある。ブレア政権の中道路線のことは、アメリカではよくビル・クリントン政権との比較で語られることが多いが、今から考えると、この「第三の道」とは、オバマ政権にこそふさわしいように思えてならない。

オバマ政権は民主党の政権であり、基本的には大きな政府論と国際協調という政策を掲げて登場した。だが、「大きな政府」ということでは、俗にオバマケアと言われる「医療保険制度改革」を実施したことと、「リーマン・ショック」後の厳しい景気の状態を浮揚させるために、2009年に「総額5000億ドル（約52兆円）」の景気刺激策を実施したぐらいだ。それ以外は、共和党の批判を取り入れる形で「財政規律」に腐心した政権と言える。

また軍事外交政策に関しては、メッセージ発信ということでは「核廃絶」「イスラムとの和解」といったリベラルな思想を掲げたが、実際は「イラクからの撤収」は行ったものの、「アフガン戦線への増派」や「無人機（ドローン）」を使ったテロ容疑者の超法規的暗殺などを繰り広げている。また、2011年にはパキスタン領内での「オサマ・ビンラディン暗殺」も行っている。

オバマの8年を通じて、たとえば「同性婚」については認知が進み、最終的には連邦最高裁が「同性婚を行う権利は憲法で保障されている」という判例を出して論争に終止符を打った。また、「中絶」に関する論争も、2016年6月27日に、「中絶クリニックに厳しい規制を行うテキサス州法は違憲」という判例が出ており、保守派が意図していた「中絶の違憲化」という構想はほぼ可能性がなくなっている。

だが、これらの「同性婚」と「中絶」に関する判断は、世論と各州、そして何よりも連邦最高裁の功績であって、オバマ政権の功績ではない。オバマが登場したという「時代の空気」がこうした問題を解決に推し進めたということはあるかもしれないが、オバマ政権が実際に「リベラルな政策」を推進したのではない。たとえば、同性婚や中絶問題と並んで、共和党の保守派との対立点となっている銃規制の問題では、オバマの対応は後手に回った。結局こうした問題については、オバマは「国論の二分」を避けたのである。

そうしたオバマの政策は、ブレアの「第三の道」と同様に、余りにも中道に過ぎたのではないだろうか。私は、そこに誤りがあったとは考えない。2009年1月という、世界経済にとっては嵐のど真ん中に政権を承継して以降、その政策は「手なりの将棋」ではあったかもしれないが、大悪手を打ったことは少ないわけで、状況に応じて最善手を選択し続けたという評価は可能だからだ。

だが、そのように政権が中道主義で実務に専念していることで、左右に偏った感情論として、政権批判がムクムクと湧き上がっていった。たとえば、２０１０年の中間選挙では「ティーパーティー」が登場した。景気回復のメドの全く立っていないこの時点で頑固なまでに「財政規律」を叫ぶのは妙な主張とも言えるが、結局のところ「ティーパーティー」は、「オバマへの批判」と「景気回復の遅れへの憤り」というモメンタムを吸収していった。

また２０１１年からは「占拠デモ」の運動が起きた。この時点で若者の雇用不安は相当に深刻化し、格差の問題も深刻になっていた。だが、この「占拠デモ」の訴えに対しては、左右の両派も、そしてオバマ政権もどちらかと言えば冷淡だった。そのことが、後に「サンダース現象」という巨大な感情論が吹き荒れる下地となっていった。

そのオバマの正当な後継としてヒラリーが、まさに今月末に民主党の統一候補として公的な認知を受けるわけだが、このオバマの「中道実務路線」を継承することで、ヒラリーもまた「中道のエスタブリッシュメント」として、左右から批判を受ける存在になってしまっている。

オバマにもヒラリーにも落ち度はないし、批判を受ける筋合いもないのかもしれない。経済にしても軍事外交にしても危機的な状況が続く中で、「手なりの中道現実路線」は、「政権の責任を担う人間」にとって、ほとんど唯一の選択肢となっている。それはほとんど宿命的なものなのだが、同時にその中道路線が続く限り、そして「実行可能な代替案」がどこからか出てくることのない限り、感情論に基づく左右からの激しい批判に揺さぶられ続けることになる。

日本にはまだ選択肢がある

さて、日本の政局についてだが、基本的には米英の状況とは違いがあるように思われる。日本の場合、政権が「選択の余地のない厳しい状況下で、左右からサンドバッグになりつつも中道実務主義で進むしかない」というような悲壮な政治状況とは異なるからだ。

安倍政権の経済政策は、「流動性供給による超ハト派的な通貨政策」「景気対策を重視した大きな政府論」「既成の財界秩序に変更を迫るような構造改革には慎重」という3点セットからできあがっている。

この3点セットは、どうしようもない必然から出てきたものとはいえ、まだ「他に選択肢の可能性」を残している。

まず「超ハト派的な円安政策」だが、一番の問題点は「空洞化を加速させる」ということだ。現在は、大手から中堅に至るまで、日本の製造業は製造・販売、さらには研究開発まで「市場国」に出してしまっている。国内には、日本語と形式主義に縛られた非効率な管理部門だけが残っていると言っても過言ではない。そのような構造の中で、ソトで稼いだ利益を「日本円に換算すると大きく見える」円安政策が、空洞化を後押ししている。これに関しては、様々な観点からの批判が可能だ。

また「景気対策としての財政出動」だが、投資に対するリターンという観点から考えれば、問題のある案件はまだまだある。ハコモノはダメというような表面的な批判ではなく、投資が将来の地域の経済活力として「リターン」を生むのかという点からの厳密な批判が必要であろう。

一番の問題は構造改革だ。今回の「BREXIT」騒動で、それこそ英国は「万年英国病で、食えるのは金融と観光だけ」であるとか、フランスは「プライドは高いが怠け者」、あるいはイタリアやスペインも「非効率で怠惰な労働慣行の国」という印象で、EUを眺めるような論評が出ている。だが、1人あたりのGDPあるいは労働者1人あたりの労働生産性ということで考えると、日本の現在はドイツはもちろん、フランスよりも、英国よりも、そしてイタリアやスペインよりも下回っている。

先ほど述べた「日本語と形式主義に縛られた非効率な管理部門だけが残っている」現状を打破し、少なくとも「金融で食っていけるようにする」とか「ITの新しい波に乗って、IOT（モノのインターネット）による高付加価値産業を創出する」といった流れを作る、それは「まだ可能」なはずだ。

そのためには、働き方から教育に至るまで、「中付加価値の複雑だけれども定型的な作業」

に特化した日本のカルチャーを変革していかなくてはならない。そして、それだけの改革を成し遂げるだけの潜在的な基礎能力を持った人口は、日本にはまだ残っている。

したがって、英国やアメリカのように、困難な状況下、選択可能な政策は中道実務路線しかなく、その路線が左右の感情論からのサンドバッグになってしまうという状況とは、日本の場合は違うように思われる。

にもかかわらず、どうして日本でも、感情論が政局の表層を支配しているのだろうか。それは、やはり経済・社会の変革には「痛みを伴う」ということに漠然と不安を持つ世論、そして、何よりもそのような変革に「マイナスの利害」を持っている層を代表している勢力などの全体的な総和として、感情論へ傾斜しがちな傾向があるのではと思われる。

さらにそれ以前の問題として、経済・社会の変革が争点になりにくいという構造もある。たとえば、日本の場合、「多くの成人現役世代」が終身雇用契約で1つの組織に属している。そのため、社会全体に対して構造改革を進めることよりも、自分の組織の中で自分と組織が生き残ることに腐心するということが、どうしても必然になってしまうのだ。

また、先に述べたように、安倍政権が、「イデオロギーは右派でも、極めて左派的な経済政策」をとる中で、反対に「左派が将来を心配して財政規律を気にする」というような「ねじれ」がある。この「ねじれ」はかなり深刻な問題であり、そのために「自分の利害や信条に合う経済政策がない」という人も多いのではないだろうか。

さらに、社会経済政策を論じて、構造改革による生産性向上が1つの解だと考えても、それ以前の問題として、人口減、高齢化、社会保障費負担、国家債務の重圧といった「10年、20年ではどうにも好転させられない問題」の重さを感じると、どうしても直近の対策についての選択にしかリアリティを感じなくなるという問題もあるだろう。

いずれにしても、英米の政治や社会の状況と比べると、日本の場合はまだ「やれることがある」ように思われる。

東京都にしても、すぐそこに迫った都市の老齢化に向けて「経済と都市の規模を拡大して、その成長の中で乗り切る」のか、あるいは「支出を抑え、人口流入を抑えて危機に備える」のかという大きな選択肢があり、また選択しなくてはならない。そこで確固たる選択ができ、それが実行できれば、東京は2020年以降も生き延びることができるだろう。東京も「選択」から逃げてはいけない。

いずれにしても、政策の選択幅が狭い中で、中道政権が左右の感情論にサンドバッグになっている米英と比較すると、日本の場合は「選択幅」をとることは可能であり、またその「選択」に民意が参加していくことも可能であるように思われる。

問題は対立軸だ。安倍政権という「イデオロギーは右派、経済政策は左派」という「ねじれ」に対して、「イデオロギーは左派、経済政策はタカ派」というような「逆ねじれ」で対抗しても、よい選択肢には成り得ない。

そうではなく、英米で実際に起きているような「中道路線」を、思い詰めたエリートが左右の批判を浴びつつ進めるのではなく、国民的な合意形成の上で堂々と進めるようにできればと思う。

2016/7/12

党内抗争の次は、大中傷合戦スタート!

「Eメール疑惑」がやっと解決

これまでの予備選では、共和党も民主党も「党内抗争」を延々と引きずってきた感があるが、ここへ来てようやくそれも収まる気配となった。ならば、本選の一騎打ちに入ることで有意義な政策論争を期待したいところだが、残念ながらそうはいかないのが大統領選の宿命だ。

早速、ヒラリーとトランプの両陣営では、真正面からの「中傷合戦」が始まったのである。

まずヒラリーの陣営だが、ここへ来て重要な動きがあった。懸案となっていた「Eメール疑惑」、つまり国務長官当時のヒラリーが法令に違反して、「自宅に設置した私的なメールサーバ」で機密情報を含む情報のやり取りをしていたという問題が、大きく進展した。

この問題だが、夫のビル・クリントンが空港でロレッタ・リンチ司法長官と30分ほど「懇談」をしたというニュースが流れて、一時は司法長官とビル・クリントンには非難が集中した。つまり元大統領という権威を持つ「被疑者の夫」が、現職の検察トップに「圧力」をかけたのではないかというのである。

この問題は、結局はリンチ司法長官が「二度とこうした過ちは犯さない」という謝罪をして「一件落着」となったが、実はこの騒動に隠れるように「FBIによるヒラリーの聴取」が行われていた。

その結果として、FBIのジェームズ・コミー長官は「最終的に起訴に値する不法行為はなかった」と声明を発表。共和党主導の議会は、間髪を容れずにコミー長官を召喚して委員会で喚問したが、不発に終わっている。

これで長い間「くすぶって」いた「Eメール疑惑」は解決を見ることとなった。この動きを受けて、民主党内ではバーニー・サンダース候補が、ようやく「ヒラリー支持」を明言し始めている。

「史上最悪の腐敗候補」か「ビジネスの失敗者」か

この動きに対してトランプは猛反発しており、ヒラリーに対する罵倒作戦をヒートアップさせている。「ヒラリー、夫のビル、オバマ、そしてリンチ司法長官」などを並べて「腐敗のやり放題」だというのだ。また、ヒラリーは、ここへ来てオバマ大統領との合同演説会を開催して気勢を上げているが、その際に大統領専用機に同乗したヒラリーのことを、トランプは「税金泥棒」だと罵倒している。

さらにトランプはヒラリーの顔写真を「100ドル札の山」の中に埋め込み、そこに配した赤い星形のデザインの中に「史上最悪の腐敗候補」という文言を入れた「コラージュ」を作って、ツイッターなどでバラマキ始めたのである。

この星形だが、五点星ではなく、ユダヤ人とユダヤ教を象徴する「ダビデの星」の六点星になっていた。札束の上に「ダビデの星」が描かれ、その中に「腐敗」という文字が踊るというのは、まるで中世ヨーロッパ以来の、「ユダヤ人はカネの亡者」といった人種差別表現そのものである。早速ヒラリー陣営は猛反発して、「トランプは反ユダヤ」というキャンペーンが始まった。

トランプは「マズい」と思ったのか、その星形はすぐに削除した上で「自分は反ユダヤ主義者ではない。なぜなら、長女の夫はユダヤ系で長女もユダヤ教に改宗しているし、その夫婦と自分はよい関係を築いているからだ」という反論を繰り広げている。

そんな中、ヒラリーは今度は、ニュージャージー州にある大西洋岸のリゾート都市であるアトランティック・シティで演説会を行った。その場所は、以前にトランプが経営していた「トランプ・タージ・マハル」というカジノ・リゾートの廃墟《はいきょ》の前というロケーション。要するに、「トランプはこの場所で事業に失敗して労働者を大勢解雇し、法人は破産させて債権者に損害を負わせた」ということをアピールしようというのである。

トランプが、不動産業やホテル・カジノ事業で過去4回も「破産法」を利用して債務を切り捨ててきたのは有名な話だが、ヒラリーはあらためてそれを強調し、これに加えて、「ビジネスパーソンとして失敗したトランプに国の舵取りは任せられない」というアピールをしようというのだ。

これに対してトランプは、「自分はアトランティック・シティでは、十分に儲けさせてもらった。だが、いい時期が去ったので7年前に手仕舞いをした。それだけのことだ」という声明を発表。要するに斜陽となった、このアトランティック・シティについては、「ダメになる前に上手く逃げた」という己の「手腕」を自慢したいかのようだった。

だが、7月5日から連続して発生した警官による黒人射殺事件と、これに対する報復と見られるダラスでの警官5名の大量殺人事件で社会が騒然とする中、とりあえずこの中傷合戦は止まっている。一連の事件については、ヒラリーは警察と市民の分断を克服したいと積極的に発言しているが、トランプの方は慎重な姿勢を取っている。そんな中、今月後半には共和党全国大会（7月18日よりオハイオ州クリーブランド）、民主党全国大会（7月25日よりペンシルベニア州フィラデルフィア）が行われる。その前に、それぞれの陣営から「副大統領候補」の発表がある。

異例ずくめの共和党大会、報ずるメディアも大混乱！

2016/7/22

代表的保守メディア、FOXニュースの迷走

7月18日から21日の4日間にわたり、オハイオ州クリーブランドで共和党大会が行われた。結果的には、3月から5月にかけて模索された「党大会での造反」は現実とはならず、トランプ候補は代議員の投票で過半数を獲得し、正式に「党の代表候補」として指名された。

過去40年で最長と言われる1時間15分の指名受諾演説を行って大会は閉幕。紙吹雪と風船の舞う中での幕切れの映像は、「いつもの共和党大会」以上の盛り上がりを見せていた。だが、4日間の大会を通じて、メラニア・トランプ夫人の「スピーチ盗用疑惑」や、予備選のライバルであったテッド・クルーズ上院議員の「支持しない宣言」など、前代未聞の混乱が何度も起きたのも事実だ。

考えてみれば、この共和党大会は何もかもが異例だった。そして、この異例な大会のウラでは、各メディアもそれぞれの思惑で動き、そこに様々なドラマがあった。

まず、大会の前哨戦として注目されたのは、ブッシュ一家の「参加拒否」である。大統領選

の出陣式に当たる党大会には、党の長老は顔を揃えるのが恒例である。だが、今回はブッシュ一家が揃って「ボイコット」ということになり、「大統領経験者」が顔を見せない党大会になった。

この点については、大会の前週に、ジェブ・ブッシュ元フロリダ州知事が一家を代表して、NBCテレビのインタビューに応じている。インタビュアーは、ジョージ・W・ブッシュ政権のホワイトハウスで報道官を務めたニコール・ワレス氏。そのワレス氏を相手に、ジェブ・ブッシュ氏は「人々はトランプに騙されている」と激しい口調で、トランプを批判していた。

元々NBCは、国際企業のGE（ゼネラル・エレクトリック）やコムキャストとの関係が深く、民主党色が濃厚で、このジェブ氏のインタビューに見られるように、今回の共和党大会についても、「アンチ・トランプ」の立場を鮮明にして報道をしていた。

一方で、アメリカの保守メディアを代表するのがFOXニュースである。だが、このFOXが、「トランプ現象」への対処で迷走してきた。その発端は、看板キャスターのメーガン・ケリーが司会役を務めた2015年8月の「大統領候補TV討論」だ。

トランプはケリーに対して女性蔑視的な発言を行い、ケリーをはじめとしたFOXニュースは猛反発した。まだ、この時期はジェブ・ブッシュが本命視されていたし、マルコ・ルビオへの期待も大きく、FOXはこうした「保守本流候補」に肩入れし、トランプには厳しい対応を取っていた。FOXグループの総帥であるルパート・マードックも、この時期はトランプに対して懐疑的だった。

その後、トランプが予備選で圧勝するとFOXはトランプ支持に方向転換した。メーガン・ケリーについては、トランプ候補自身が彼女を「トランプ・タワー」に招いて、「詫びを入れた」格好になっている。そんな中で、今回の共和党大会では、共和党支持者の多くはFOXニュースにチャンネルを合わせる「はず」だった。

ところが、そこへ激震が襲った。長年にわたってFOXニュースのCEOとして君臨してきたロジャー・エイルズ会長に、「セクハラ疑惑」が持ち上がったのである。それも元看板キャスターのグレッチェン・カールソンから告訴されるという衝撃的な事態である。しかも現在の看板キャスターであるメーガン・ケリーも「自分も被害者」であるとして、カールソンの訴訟の証人を買って出た。

マードック側の対応は素早かった。エイルズ会長は即時に解雇されてしまったのである。FOXとしては、せっかくトランプと和解し、さあ「かき入れ時」というときに、自局の大スキャンダルが出てしまった形となった。

これを受けて、不思議な動きをしていたのが、CNNだ。ケーブル・ニュース局の老舗であるCNNは、基本的にリベラルのスタンスであり、看板キャスターの多くは中道かリベラルだ。

これまでの予備選報道でも、司会は中立かやや左という立場。そして民主党系のコメンテーターと共和党本流のコメンテーターがトランプを叩く代わりに、トランプ支持者を数名配置して反論させるというスタイルだった。

今回の共和党大会でも初日はそうだった。だが、2日目の報道から、姿勢がガラッと変わった。この日からは、司会者や民主党系のコメンテーターも一緒になって、「トランプ翼賛」とでもいうような報道を始めたのである。つい数年前までオバマ政権の上級顧問を務めていたデヴィッド・アクセルロッド氏までが、「トランプ氏のお子さんたちは皆スゴイですね」などと歯の浮くようなコメントを口にし始めたのだった。

一説によれば、CNNでは予想以上に視聴率がよかったので、「トランプ支持の視聴者がFOXから流れてきた」と判断し、「ここでトランプ叩きをするとせっかくの視聴者が逃げる」という判断から、出演者に圧力がかかったという可能性があるらしい。

その真偽はともかく、明らかに不自然な「トランプ翼賛」報道を続けていたCNNなのだが、さすがに「クルーズの不支持宣言」という「爆弾」が炸裂すると、看板キャスターのアンダーソン・クーパーなどは、もう我慢ができなくなって、「いやあ、おもしろいですねえ」などと喜んでいたのだった。

ひとり気を吐いた「ニューヨーク・タイムズ」

そんなわけで、メディアの方も混乱状態だったのだが、その中で光っていたのは「ニューヨーク・タイムズ」紙だ。21日の朝刊に「トランプの外交政策に関する単独インタビュー」を掲載していたのだが、その内容は衝撃的なものだった。

このインタビューの中で、トランプはあらためて「アメリカ第一の外交」という方針を掲げている。その例として「NATO（北大西洋条約機構）メンバーであるバルト三国（リトアニア、ラトビア、エストニア）に対してロシアが侵攻したらどうするか」という質問に対して、「自動的には動かない。アメリカとして元が取れるなら動く」と答えている。

これは「いずれの加盟国に対する攻撃も全加盟国に対する攻撃とみなし集団的自衛権を発動する」という北大西洋条約の否定であり、戦後アメリカの外交方針の基軸の否定になる。日米安保や韓米条約に対しても、同様のスタンスを取ることは十分に考えられ、同盟国のみならず世界秩序に対し大変な影響を与える発言と言わなくてはならない。

またトランプは、トルコのクーデター未遂事件に触れて、エルドアン政権を強く支持するとともに、「自作自演説」を否定。また事件後のトルコでは、国際ルールから逸脱した強権発動が見られる状況であるにもかかわらず、エルドアン大統領への支持を表明している。これも、自由と民主主義の否定であり、西側の共通価値観を投げ捨てるものだ。

本来であれば、こうした極端なトランプの立場に対して、議論や修正要求が出てくるのが、党大会や、これに対する各メディアの姿勢としての「あるべき姿」だろう。だが、その本来の仕事をキチンとやっているのは、「ニューヨーク・タイムズ」だけという皮肉な状況がある。いずれにしても、この共和党大会の期間中、メディアはそれぞれの「狂騒曲」を演じてきた。次週の民主党大会ではどうなるであろうか。

2016/7/29

民主党大会、影の主役はサンダース

共和党とは対照的な華やかさ

7月25日から行われた民主党大会は、党の要人が勢揃いして、その「オールスター・ラインナップ」を誇示するかのようだった。まず初日の25日には、大統領夫人のミシェル・オバマや、党内で人気の高いエリザベス・ウォーレン上院議員が会場を熱狂させた。

2日目にはヒラリーの夫、ビル・クリントンが登場。ヒラリーとの出会いから今日まで、プライベートなエピソードを交えて縦横に語っていた。3日目の顔ぶれは、それこそ「オールスター・キャスト」で、バイデン副大統領、ブルームバーグ前NY市長、ティム・ケイン副大統領候補に続いて、最後にはバラク・オバマ大統領が登場して大いに会場を盛り上げたのだった。

そして4日目には、娘のチェルシーが紹介する形で、ヒラリーが登場。党内の団結を呼びかけつつ、実務的な「問題解決」を行う大統領になるという、力強い「指名受諾演説」を行って閉幕した。

前週の共和党大会が、欠席者や造反発言が出るなど異例ずくめであったのと比較すると、この民主党大会は実に華やかであり、大いに盛り上がっていたように見える。たとえば有名人の参加も、共和党大会においては、スポーツ選手と「ソープオペラ（アメリカのテレビで、昼に放送している不倫メロドラマ）」のスターが目立っていたが、民主党の方は違いを見せつけるかのようだった。

女優のメリル・ストリープ、歌手のアリシア・キーズ、イディナ・メンゼル以下ブロードウェイのスター歌手たち、そして最終日には人気歌手のケイティ・ペリーが登場している。ハリウッドをはじめとしたエンタメ業界では、圧倒的に民主党のカルチャーが浸透していることを考えると驚くには値しないのかもしれないが、その差は歴然としていた。

そんなわけで、華やかさということでも、盛り上がりということでも「アメリカの与党パワー」を見せつけるように見えた民主党大会なのだが、水面下では危機が進行していた。というのは、参加していた代議員の中に「バーニー・サンダース派」が数多くおり、アンチ・ヒラリーの動きを見せていたからだ。

最後まで敗北宣言をしなかったサンダース

どうして大人数の「サンダース派」が参加していたのかというと、民主党の場合は各州の予備選が「勝者総取り」になっておらず、比例配分されるケースが多いからだ。詳細なルールは州によって異なるが、たとえば50の代議員が配分されている州で、1位のヒラリーが30、2位のサンダースが20の獲得代議員数であったとすると、本当に20人の「サンダース派」が投票のために党大会に参加するのである。

この「サンダース派」だが、少しでも中道的な発言があると「ブーイング」をしてみたり、場合によっては“Bernie or bust!”（サンダースを当選させないと、メチャメチャにしてやる）といったスローガンを合唱したりしていた。また、自由貿易派の議員がスピーチをしていると、“No TPP!”という合唱とともに、「TPP」にバツ印をつけたボードを掲げるといった具合だ。

さらに、前国防長官や、アフガン派遣軍の司令官などが「ヒラリー支持」のスピーチを行っているときには、“No more war!”（戦争はゴメンだ）と叫び続けて、一種異様な雰囲気を醸し出していた。

この「サンダース派」の問題は、とにかくヒラリー陣営との間に亀裂が生じているということだ。たとえば、党大会の直前には、党の全国委員会の内部メールが暴露されている。その中には、「党としてヒラリーを当選させるために工作を行った」とか、「サンダースを無神論者だと罵倒」するような内容が入っており、「サンダース派」は激怒したのである。

何が問題なのかというと、若者を中心としたサンダース派は「ヒラリーが本当に嫌い」なのであって、11月の投票日には「棄権する」可能性、そして、ヒラリーよりは共感できるという理由で「トランプに投票する」という可能性を残しているからだ。これは民主党にとっては由由しき問題である。

これに対しては、バーニー・サンダース候補本人が細心の注意を払って動いてきている。たとえば、6月7日にカリフォルニア州、ニュージャージー州の予備選で大敗した時点で、完全に「予備選に勝つ可能性」はなくなったのだが、今に至るまでサンダースは、「コンセッション・スピーチ（敗北宣言）」は行っていない。

その代わり、ホワイトハウスでオバマ大統領と会談したり、演説の中で徐々にヒラリーへの支持を訴えたりするようになってきていた。また、党やヒラリー派の幹部と何度も折衝をして「条件闘争」をしていたらしい。たとえば、民主党全国委員長の「メール暴露」に際しては、委員長の辞任を要求して、それを通している。

そのバーニー・サンダースは、党大会の初日、25日に登壇して演説するというので大変な注目を浴びた。そして、実際にステージに上がると、拍手が鳴り止まない中でいつまでもスピーチを始めることができないぐらいだった。サンダースは、ここでも「敗北宣言」はしなかった。それどころか、反対に「自分たちの政治的な革命（ポリティカル・レボリューション）は成就しつつある」と述べたのである。

どういうことかというと、サンダース派の政策提言の一部を、ヒラリーの公約に盛り込ませたというのだ。一番の成果は「公立大学の無償化」で、ヒラリー案では、世帯年収の制限がついているものの、サンダースの主張がほぼそのまま受け入れられた格好となっている。

演説を終えた後も、サンダース夫妻は常に注目を浴び続けた。そして、多くの政治家が予備選におけるサンダースの健闘を讃えると、場内に向けて手を振って応えていた。大会のクライマックスである、ヒラリー本人の「受諾演説」でも、ヒラリーは、かなりの言葉を割いて「サンダースの健闘を讃える」だけでなく、その主張をよく聞いて実現するのだという「約束」を口にしていた。

サンダース夫妻は、もちろん笑顔で拍手をしていた。つまり、予備選で敗北したにもかかわらず、党大会の最後まで「敗北宣言」はしなかったのである。こうしたアプローチは異例なのは間違いない。だが、「エスタブリッシュメント」である「ヒラリー」を嫌悪して、「サンダースでなければトランプ」などと言っている支持者を、100%は無理かもしれないが、少しでも「民主党の票」にするためには、この「敗北宣言をしない」というアプローチが必要だったのだろう。

そう考えると、表面的にはヒラリーとオバマを中心とした華やかな党大会が進行した中で、深層では「影の主役」としての、バーニー・サンダースの存在感が半端でなかったとも言える。その意味では、この民主党大会も、歴史的に見るとかなり異例な大会であった。

アメリカ政治、対立軸は4つ

2016/7/30

深い亀裂を抱えこんだ両党

共和、民主両党の党大会が終わった時点で、どちらの党も「分裂」は回避されたものの、それに近い「亀裂を抱えた」ままで本選に突入する形となっている。この「亀裂」が、従来の民主党と共和党が持っていた「対立軸」が大きく揺さぶられていることを表しているということは、先にも述べた。

それを踏まえて整理すると、現在のアメリカには大きく分けて4つの「軸」があると言えるだろう。簡単に区分けをするのであれば、

・民主党のヒラリー派――自由貿易。ITなど先端産業推進。国際協調だが人道的介入を辞さないタカ派的側面も。多様性には寛容。中ぐらいの再分配。
・民主党のサンダース派――保護貿易、製造業復権を夢見る。国際協調であり不介入主義。多様性には寛容。若者を中心に非常に強い再分配政策。
・共和党の主流派――自由貿易。多国籍企業の利益の極大化、同時に起業家や中小企業への支

援。一国主義だが有志連合を作っての介入主義。ホンネはともかく建前では多様性に寛容。財政規律に厳格、再分配には極めて消極的。

・共和党のトランプ派――保護貿易。製造業を中心に鎖国で国内雇用を浮揚できると夢見る。米国の安全のためなら他国の独裁者との協調も進める、徹底した不介入主義であり極端な孤立主義。多様性などの建前論に徹底的に反対。一方で年金や退役軍人福祉などのシルバー再分配には積極的。

ということになる。今回の党大会は、あらためてこのような「4つの対立軸」の存在を浮かび上がらせたが、同時に、ではこの4つがバラバラになって、たとえば「ヒラリー派＋共和党の主流派」が連合し、「サンダース派＋トランプ派」が連合するという格好になったかというと、部分的にはそうした現象は散見されたものの、全体としては、「民主党と共和党」という大きな枠組の中には収まったと言えるだろう。

トランプは真面目な政策論を出せるのか

では、ズバリ、現在の情勢はどうなっているのか。

共和党大会の閉幕直後の世論調査では、トランプ先行というデータも出たが、これは「一方の党大会が終わっただけ」という段階では、毎回の大統領選で「よくある現象」なので、あまり参考にはならないだろう。感触としては、やはり民主党大会が大きな盛り上がりだったことと、「ロシアに頼んでハッキング」や「NATOの集団的自衛権行使を否定」といった一連の「最新のトランプ暴言」の結果が反映される、8月上旬の世論調査では、ヒラリーが数ポイントの差でリードするのではと思われる。

勝敗の鍵を握るTV討論は以下の日程で行われる。

・第1回大統領候補TV討論――9月26日　ホフストラ大学（ニューヨーク州）にて
・副大統領候補TV討論――10月4日　ロングウッド大学（バージニア州）にて
・第2回大統領候補TV討論――10月9日　ワシントン大学セントルイス校（ミズーリ州）にて
・第3回大統領候補TV討論――10月19日　ネバダ大学（ネバダ州）にて

ということで、大統領候補の対決が3回。副大統領候補の対決が1回ある。とりあえず来週からはオリンピックが始まり、オリンピック好きのアメリカ社会の関心は一旦はそっちに行ってしまうので、大統領選は「夏休み」という感じになる。だが、9月の声を聞けば、もう待ったなしで、様々なドラマが起きるだろう。

注目点としては、まず、「景気が大きく変動する」とか「大規模なテロや国際間の緊張が起きる」といった外部要因が選挙戦に影響を与えるということはある。これに加えて、トランプ候補が、「真面目な政策論」を出すのか、それとも現在までの選挙戦で続けてきた「イデオロギーを訴えて敵を炙り出すためだけの比喩（たとえ話）」を言い続けるのかという点が注目される。

特に気になるのは後者の点だ。トランプ陣営には、責任ある政策をまとめて、その上で、世論が「選択」ができるように、ヒラリーとの政策論争をしっかりやってほしいと思うが、現時点までの動向を見ていると、この点は望み薄なのかもしれない。

2016/8/13

トランプの暴言が止まらない

日替わりでスキャンダルが続出

8月からは本選モードに突入した大統領選だが、選挙戦は全く盛り上がっていない。その反対に、トランプ陣営は、「自壊」としか言いようのない混乱状態にある。週刊誌の『タイム』は、「ペンキで描いた（？）トランプの顔」が熱で溶けて流れ始めているようなイラストを表紙にして、「メルトダウン」というコピーを入れていたが、まさにそのような状態だ。

問題の発端はイスラム教徒の戦没米兵一家の問題だ。民主党大会の最終日（28日）に、イラクでアメリカ兵の息子が戦死したイスラム教徒のキズル・カーンという人物が、夫人を伴って登壇してスピーチを行った。それほど長いスピーチではなく、内容も「自分たち移民を受け入れてくれたアメリカの価値観へのリスペクト」を語り、その上で「息子の戦死」という「犠牲」を語り、そしてトランプに対して「常にイスラム教徒への中傷を続けた」と批判した上で、ポケット版の「合衆国憲法」を取り出して「あなたは憲法を読んだことがあるのか」と迫った。それ以上でも以下でもない。

ちなみに、カーン夫妻はパキスタン出身で、パキスタンの法学校で知り合って結婚した後に、米国に移民した。カーン氏はハーバードで法学修士を得ており、息子の戦死後はアーリントンの国立墓地関連の団体に参加したり、その一方でパキスタン向けの「VOA（アメリカの声）」放送にも参加している。つまり、大変なインテリであり、アメリカにとっての、そしてアメリカ軍にとっての「愛国者」である。

そのカーン氏を民主党として引っ張りだしたのは、もちろん、極めて政治的な人選なのだが、それも別に驚くような「仕掛け」ではない。たとえばヒラリーの側近中の側近と言われるフーマ・アバディーン氏の両親はパキスタン人とインド人で、彼女のような「国際的な人材」を使うというのが、ヒラリー流であり、その延長上でカーン氏のような人物が出てくるのは極めて自然だ。

ところがトランプは、このカーン氏に対して猛然と批判を開始した。たとえば「誰があのスピーチを書いたんだ？　ヒラリーのスピーチライターか？」などという暴言、そして「壇上で発言しなかったカーン氏の奥さん」のことを「イスラム教では発言が禁止されていた」などと中傷するという具合だ。

この一件は、かなり決定的であり、ここから「共和党内でのトランプ離れ」がトレンドとして加速することになった。一時、トランプの次男であるエリック・トランプ（兄と姉同様に、トランプ・オーガニゼーションの上級副社長）が、「親父は謝っています」と述べたことが話題になったが、すぐにこれは「間違い」だということが判明している。つまり、トランプは謝っていなかったし、今でも謝罪していない。

トランプは、以前に共和党の重鎮であるジョン・マケイン議員（上院、アリゾナ）に対して「捕虜になったのにどうして英雄視されるんだ？」という中傷をして問題になったことがある。今回は捕虜ではなく、戦没者一家への中傷ということで、余計に人々の不快感をかき立て、そのとき以上の大問題となっている。

その後も日替わりで、「トランプのスキャンダル」が続出している。順不同で列挙してみよう。

・議席維持を目指すライアン下院議長、マケイン上院議員の予備選を「支持せず」と発言
・メラニア夫人のモデル時代のヌード写真をＮＹのタブロイド紙が連日報道
・そのメラニア夫人に関して、米国内で違法就労の可能性という報道
・演説会で泣いた赤ん坊に退出を命じる
・「長女がセクハラにあったら？」という質問に「転職したらいい」と答えて炎上
・「日本人はアメリカが攻撃されても家でソニーのＴＶを見ているだろう」という日本批判
・オバマとヒラリーは「ＩＳＩＳの共同創立者」という発言

このように、全く止まる気配がない。この内、奥さんのひどい写真が掲載された件は、トランプの責任ではない。だが、FOX・ニュース・コーポレーション系列の新聞に、ここまで「ひどいこと」をされて黙っている、つまり「将来のファーストレディー」を「守る行動」が取れていないというのは異常だ。「自分と結婚する前の話だし、ヨーロッパの人はこういう写真が好きだから」と発言しているが、呆れた話である。

また、日本批判も、こうなると「日米安全保障条約」否定論としか言いようがなく、見過ごせるレベルを超えている。オバマが「ISIS」創立者だというのも、その理由がふるってい て「みんながISISと言うのに、オバマだけがISILと言っていて怪しい」というのだから、話にならない。

挙党態勢ができない「負のスパイラル」

どうして、こうなるのかというと、以下のような「負のスパイラル」に入っているためと見ることができる。

まず、本来の大統領選というのは、党大会で「党内の団結」を確認するのだが、それは予備選を戦ったライバルとの「怨念の解消」をするという意味合いだけではない。党大会以降の本選の選挙運動とは、「11月の巨大な同時選挙」へ向けて、大統領候補が上下両院の議員候補、そして改選のある州では知事候補とも一緒に遊説をして「挙党態勢」での選挙戦を続ける、これが本来の「本選の選挙運動」である。

今回の共和党では、この「挙党態勢」ができていない。たとえば、今月上旬にトランプが言い放った「ライアン下院議長を支持せず」とか「ジョン・マケイン上院議員を支持せず」というのは、この「挙党態勢」を崩壊させるという意味で、まさに「政界激震」だった。

ちなみに、ライアン議長については、トランプはあらためて「支持」を言明し、8月9日に行われた予備選では、ライアン議長は80%以上を獲得して圧勝したので、とりあえずは「事なきを得た」格好だ。マケイン議員に関しては、8月30日の予備選の帰趨《きすう》が気になるところだ。

そして、各州の上下両院や知事などの選挙戦と、トランプの選挙戦が「連動しなくなってきている」中、トランプは何をやっているのかというと、全国を遊説して回っている。しかも、ヒラリーとのデッドヒートを繰り広げている、俗に言う「スイング・ステート（中道州）」を必死に回っているのかというと、必ずしもそうではなく、自分の支持者の多い街から「コール」があると出かけるというようなことをしている。

そうなると、要は「自分の個人ファン」を集めた集会を渡り歩くだけになってしまう。そこには、知事や議員が来るわけではなく、それぞれの州の事情を踏まえた政策演説が期待されるわけでもなく、全く地に足のついていない「エンターテインメントとしてのトランプ節」を期待する群衆がいるだけという「場」になる。

そのような場では、「何度も聞いたネタ」では「受けない」ので、「新ネタ」を披露する、そうすると、「ウケ狙い」でどんどん暴言・放言がエスカレートする。「負のスパイラル」とは、そういうことである。

その結果、党本部との距離、各州の議会議員候補、知事候補との距離はますます大きくなる。実は、本来の「挙党態勢の選挙戦」の方は、マイク・ペンス副大統領候補（インディアナ州知事）がコツコツやっているようなのだが、いかんせん、目立たない。またトランプの「相棒」であるペンス候補が「挙党態勢」を作ったからといって、トランプと共和党政治家の溝が埋まるわけでもない。

たとえば、問題の発端である「カーン氏」の一件では、ペンス候補は早々に「カーン氏をリスペクトすべき」だという発言をしている。したがって、ペンス候補が各州を遊説で回る分には何も問題はない。だが、いくらペンス氏が「トランプの埋め合わせ」をしても、それでトランプの暴言が帳消しになるわけではない。

どの選挙区でも、対立する民主党候補は「トランプ批判」をし、そうなると共和党の候補が、中間層の票を取るのは難しくなる。こうなることは春先から分かっており、だからこそ、様々なトランプ降ろしが企図されたわけだが、すべて不発に終わった。共和党は、現在はその「ツケを払っている」状態ということになる。

共和党の全国委員会のラインス・プリーバス委員長といえば、6月の時点で「トランプを統一候補にして党の団結を」という方向に動いた人だ。そのプリーバス氏が今は、「トランプは夏休みを取って黙っていてほしい」と言ったとか言わないとかいう話になっている。そんな中で、「上院の過半数が民主党に行くかも」ということすら公然と囁かれ始めている。

そんな状況は、世論調査のデータに如実に現れている。たとえば、政治サイト「リアル・クリア・ポリティクス」の集計では、

単純な支持率平均　ヒラリー　47・5%　対　トランプ　41・2%
獲得選挙人数推計　ヒラリー　362　対　トランプ176
同右、僅差州を除外　ヒラリー　256　対　トランプ154

とヒラリーが大きくリードしている。ちなみにこの選挙人というのは、270が当選ラインなので、「僅差州を除外」して256、「僅差州も入れた単純合計」で362というのは、かなりの優勢を意味する。「僅差でヒラリー優位」という州の選挙人合計が106ある中で、14を取ればもう当選だからだ。

ヒラリーにもマイナー・スキャンダル続出

では、そのヒラリーは威風堂々とアメリカの将来を語っているのかというと、演説会ではそうなのだろうが、全国レベルのメディアからは、そのような様子は伝わってこない。その反対に、ヒラリーの方も、スキャンダルがチョロチョロと出ている。

1つは、オバマ政権が、「イラン核合意」の一部として、「スパイ容疑で拘束されていたアメリカ人」の身代金として、4億ドル（約404億円）を払ったという話が出てきた。これには、トランプだけでなく、共和党の軍事タカ派なども怒っている。要するに、「ヒラリーの国務長官時代から模索されてきたイランとの交渉の結果」だというのだ。

この4億ドルの支払いは、単なる噂ではなく事実だと国務省も認めているが、オバマ政権も、そしてヒラリーの陣営も、「これは身代金ではない」としている。そうではなく、1979年のイラン革命で、親米のパーレビ国王体制が崩壊して以来の、イランと米国の確執の中で、イランが長年要求してきた「米国としてイランから不当に獲得した利益」の返却だというのだ。

もう1つは、ビル・クリントンの主宰している「クリントン・グローバル・イニシアティブ」というNPOとの関係だ。国際的なスケールでカネを集めて、貧困対策や、環境問題などで「イニシアティブを取る」という目的の財団だが、この「財団マネー」とヒラリーの大統領選出馬との関連が、いずれ「何らかの問題になる」ことは、以前から指摘されていた。

そのため、出馬表明の時点でヒラリーは、「夫の財団には一切関与しない」ということを表明したのだが、今回は、その財団のスキャンダルが出てきた。具体的には、ヒラリー側近のアバディーン氏と、もう一人の側近であるシェリル・ミルズ氏が関与して、「財団への高額寄付」を行ったレバノン人について、「米国の駐レバノン大使への面会を口利きした」というものだ。

この「4億ドル問題」にせよ、「レバノン問題」にせよ、共和党陣営としては「ヒラリーの疑惑深まる」などということで、一部に問題視する向きもあるが、材料として「決定的」なものではない。どちらも、悪く言おうと思えば言えるが、党派的な利害でモノを言う人以外には、それほどインパクトを与える材料ではないのだ。

うがった見方をすれば、トランプ陣営が「メルトダウン」気味なのをいいことに、このタイミングで、ヒラリーの「マイナーなスキャンダル」を小出しにし、世論に「消化」されることを狙っている、そんな印象もある。ヒラリー陣営が意図的にやっているというよりは、間接的に民主党を支援したいメディアがそうしているのかもしれない。

いずれにしても、「コントロール不能な暴言の連続」で自壊気味のトランプ陣営にも、マイナーな「スキャンダル」を吐き出している格好のヒラリー陣営にも、将来のアメリカのあるべき姿、世界のあるべき姿を語る、あるいは議論する雰囲気はない。全体として、極めて低調な選挙戦になっているというのは、そういうことだ。

では、なぜそんな「低調な論戦」が許されているのか。その背景には、アメリカの経済が好調ということがある。7月の雇用統計が驚異的によかったのを受けて、株は再び堅調となっている。リーマン・ショック以来の景気の戻りについては、その「遅さ」が世論の怒りを買ったが、ここへ来て、この8年間には全くなかったような「安堵感」が漂っている。

そんな中、人々の間には、「必死になって変化を求める」心情も、「景気と雇用を中心に不満をぶつける」という心理も弱まっている。それが低調な選挙戦を支えているのだと思われる。

異様なほどに盛り上がらない選挙戦

2016/8/30

またもや選対責任者を更迭

アメリカ大統領選は4年に1度、夏季オリンピックの年に行われる。オリンピックの大好きなアメリカ人は五輪期間中はTVに夢中になるので、選挙戦どころではなくなる。そこで、前回の2012年までは五輪の終わった8月末か9月初旬に党大会をやっていた。

今回は、本選の期間を長く取ろうということで五輪の前に党大会をやったが、いずれにしても五輪期間中は事実上「政治休戦」になる。ところが、今回はその点でも異変が生じている。というのは五輪が終わったのに、選挙戦が盛り上がらないのだ。

基本的な構図は8月を通じて変化がない。トランプの支持率は低下傾向で、ヒラリー優位。そんな中、トランプにはスキャンダルの材料が出続ける。ヒラリーの側にもスキャンダルが出るがトランプの低迷で帳消しになる。全体として、意味のある政策論争はないし、シリア情勢など最新の重要なテーマが論点になることもない、そんな感じである。

もっとも、変化はないわけではない。1つの大きな変化は、トランプ陣営の選対本部長がまた更迭されたということだ。初代のコーリー・ルワンダウスキーは、暴言や暴力行為が批判され、また共和党の主流と対立したことで更迭された。2代目のポール・マナフォートは、ブッシュ（父）などの選対を務めた大物という触れ込みだったが、ウクライナの親ロシア勢力との金銭的癒着を問題視されて更迭されている。

そこで登場したのが、不思議なコンビである。新たに選対のCEOに就任したのは、保守系サイト「ブライトバート・ニュース」を事実上経営しているスティーブン・バノン、そして選対本部長には保守系のケリーアン・コンウェイという組み合わせだ。この体制になって数週間が経つが、選対を代表してメディア対応をしているのは、主としてコンウェイの方だ。

このコンビの何が不思議なのかというと、意外と丁寧な動きをしているということがある。前任のマナフォートが選挙参謀として「一流」の経歴を誇っていたのに対して、バノンもコンウェイも、立ち位置としては「新興メディアの右派論客」、つまり日本で言えば「ネトウヨの親玉」というところであり、下手をすればトランプの「暴言」を煽《あお》るのかと思うと、どうも動き方はその反対なのだ。

たとえば、コンウェイの忠告を聞いたトランプは「過去の暴言を謝罪」しているし、またルイジアナ州で深刻な洪水被害が出た際には、トランプ自身に慰問をさせている。こうした動きは、これまではなかったことだ。

散々言ってきた「不法移民の強制送還」という政策についても、「家族離散はよくない」としてトーンダウンを示唆しているし、黒人コミュニティに和解を呼びかけたりと、「方向を修正」する気配も見せている。

では、トランプの言動が「中間層の嫌悪感を払拭できる」ぐらい洗練されて「大統領候補らしく」なってきたかというと、そういうわけではない。演説会では、相変わらずヒラリーのことを口汚く罵っているし、不用意な暴言ツイートは完全に止まってはいない。

トランプは「降りた」のか？

一体陣営に何が起きているのだろうか。

1つの可能性としては、事実上「降りた」、つまり本人も周囲も、そして新しい選対の2人も、「このままでは当選は無理」という事実を直視し始めたという見方ができる。本来であれば、もっと信頼に足る政策パッケージを公表し、共和党の議員団ともあらためて政策の調整を行って選挙戦の相乗効果を出していく、そして中間層にもアピールするように、コミュニケーションのスタイルにも大きな変化をつける、そうしたドラスティックな方向転換が必要なはずである。

だが、もしかしたら「大人」であるバノンとコンウェイは、その点を諦めているのかもしれない。その上で、トランプをできる限り「穏健な姿勢」にシフトさせつつ、コアなファンの集まる集会で「アドリブ暴言」が飛び出すのには目くじら立てない、そんな「妥協的な姿勢」を取って、11月の投票日まで安全運転をという、そんな気配を感じる。

その一方で、ヒラリーの方は、特にバノンを敵視しており、「悪質な白人至上主義者」が参加してトランプ陣営はますます危険になった、そのような言い方で批判を強めている。リベラルの観点から見れば、そうした「罵声」を使えば自陣営の結束は高まるのかもしれない。だが、結果的にまともな政策論争が行われないまま選挙戦が進行しているとしたら、ヒラリー陣営にも責任はある。

1つ印象的だったのは、トランプの現在の妻であるメラニア夫人のスキャンダルについてだ。英国の保守系タブロイド紙の「デイリー・メール」が、夫人が90年代に「エスコート・クラブ（一種の売春組織）」で働いていたという報道をしている。事実なら大問題である。当然、メラニア夫人の周辺は激怒しており、訴訟の準備に入っているようだが、不思議なことに、アメリカのメディアはこの件については静観の構えなのだ。

もちろん、将来のファーストレディーに対して、外国のメディアがそんな記事を載せるのは失礼で不愉快ということはあるだろう。また材料として品がなさ過ぎるということもある。だが、メディアの鈍い反応の背景には、「どうせファーストレディーにはならないのだから、目くじら立てるほどのことではない」という感覚が透けて見えるようにも思える。一方で、「仮に事実ならやっぱり」という感覚もないわけでもない。

いずれにしても、依然として選挙戦の報道を続けるメディアの陰で、有権者はかなりシラけているというのが実情のようだ。一方で、共和党の議員団、とりわけ上院の改選議員たちはお尻に火がついてきた。現職優位の下院はともかく、1州1議席を争う上院では、トランプの影響で民主党が盛り返している。

政治サイト、「エレクトラル・ヴォート・コム」の集計では、現時点での情勢は、定員100の上院について「民主党50、共和党49、タイ1」となっているという。これでは2014年にせっかく獲得した共和党の多数党の座が崩壊してしまう。当落線上の議員としては、なりふり構わず「自分はトランプとは無関係」として共和党の基礎票を固めつつ、無党派層に嫌われないように必死なのだ。

いずれにしても、この選挙戦の「シラけたムード」というのは尋常ではない。

21世紀の先進国に有効な対立軸はあるか?

2016/8/27

財政規律の緩んだ時代

2008年に刊行した『民主党のアメリカ　共和党のアメリカ』を、全面的に書き直して再刊するチャンスを得た。書き直しの作業を通じて常に気になっていたのは、アメリカの対立軸に何が起きているのかという点だった。もちろん、表層ではヒラリー対トランプという大統領選が戦われており、とりあえず民主党と共和党という二大政党が衝突しているのだが、その深層で起きていることは過去数十年のアメリカにはなかった動きだ。

新版『民主党のアメリカ　共和党のアメリカ』では、アメリカで起きている対立軸の動揺について、建国以来の対立軸の歴史を見ながら考えた。ここでは、アメリカに限らず、21世紀の現在において、世界、とりわけ先進国で起きている対立軸の動揺という問題について、アメリカや欧州での動きを特に意識しながら考えてみよう。

まずアメリカの場合は、共和党における「小さな政府論」が困難になりつつあるという問題がある。トランプと同じ右派のポピュリスト運動、アンチ・リベラル運動と言える、2010

年から出てきた「ティーパーティー」の主張は、明らかに「小さな政府論」だった。

だが、今回のトランプ現象は違う。中高年に対しては「公的年金の支給保証」を行うということをハッキリ言っているし、公的な医療保険についても切り捨てることはしていない。予算面での「大きな政府」ではないが、保護貿易に傾斜する中で政府規制を拡大するというのは、これは一種の「大きな政府」だ。

何よりもトランプの場合、「財政規律」という、この8年間に共和党がこだわり続けてきた重要な問題に関してほとんど言及していない。共和党の正式な大統領候補が、右派的なセンチメントを維持しつつ、政策論としては明らかに「小さな政府論」から離れつつあるというのは、重要なことである。

そして、このことは、先進国に共通の問題でもある。つまり2010年代の現代というのは、「財政規律の緩んだ時代」と考えることができるのだ。現在の先進国は、それほど躊躇《ちゅうちょ》することなく国家債務を増やす決断をする傾向があり、また通貨政策も緩和を継続している。

なぜなのだろうか。理由は3つあると思われる。1つに、環境が許しているという面がある。財政赤字を垂れ流したり、通貨をダラダラ供給したりすると、通常はインフレの抑制が利かなくなるなどの弊害を気にしないといけないのだが、どういうわけかそれが許されている。その背景には、新興国経済が非常に不調であるということ、また、エネルギー価格の水準が構造的に低くなっていることなど、環境面の事情があると思われる。

2つ目は格差問題だ。先進国の経済は、非常に知識集約型になってきている。その結果として格差が拡大し、政府が何らかの再分配をしないと社会が安定しないという問題がある。そのような状況では、思い切った緊縮政策というのは取りにくい。

3つ目は恐慌への恐怖という問題だ。2008年のリーマン・ショック、2009年の欧州金融危機と、立て続けに「地獄を覗いた」という経験をした先進国は、再びあのような深い不況の谷に落ちることへの恐怖がある。ゆえに、景気がスローダウンする懸念があれば、ケインズ政策的にカネを使うことへの躊躇がない。

ヒラリーの「大盤振る舞い政策」にしても、「小さな政府論を捨てたトランプ」にしても、そして欧州の様々な左翼運動や、日本のアベノミクスにしても、大きく見れば、こうした構造が、先進国の現在を大きく覆っていると言える。

破綻した介入主義

先進国に共通の問題として、軍事外交上の「介入主義の破綻」ということも指摘しておかなくてはならない。まずアメリカの場合、トランプとサンダースという右と左のポピュリストは、ブッシュのイラク戦争、アフガン戦争をほぼ全面否定している。その背景には、アメリカ伝統の「世界のトラブルに巻き込まれたくない」という孤立主義があり、さらには戦争の失敗を踏まえた厭戦感情がある。

つまり、中東を中心とした世界のトラブルには「不介入」という姿勢だ。この「不介入主義」は、アメリカの専売ではない。たとえば、英国の場合、現在のテリーザ・メイ首相はキャメロン首相から保守党政権を継承しているが、その保守党が２０１０年に労働党から政権を奪取した際には、「ブッシュのイラク戦争に追随した労働党政権」への批判票を集めたという経緯がある。

英国は、イラク戦争だけでなく、アフガン戦争にも兵力を出し、大きな犠牲を払いつつ撤退している。現在の英国は、米国とはまた違った意味での戦争の疲れ、濃厚な厭戦感情を抱えていると言っていいだろう。アフガンで大きな犠牲を払ったということではドイツも同様であり、フランスも米国と協調して行ったリビア革命への介入失敗を負の記憶として抱えている。

一方で、現在は、アメリカに加えて欧州でも、自称だけというのも含めて、イスラム急進派を名乗るテロ事件が増えている。そのような状況下で、仮に中東の紛争に「介入」を深めていくということは、たとえば民間人犠牲を引き起こすなどといった問題を通じて、テロの口実を与えこそすれ、抑止にはならないという感覚も広がっている。

たとえば、現在のシリアは、大きく分けて４つのグループ、つまりアサド政権とこれを支えるイランとヒズボッラーのシーア派勢力、スンニ派の反政府勢力、ＩＳＩＳ、クルド系というグループが入り乱れている。そんな中、商都であったアレッポでは悲惨な市街戦が続き、北の国境ではクルド系の伸長を嫌ったトルコの介入も続いており、混乱状態の中、人道危機が発生している。

だが、これに対して米欧は「手出し」ができない。比較的西側に近いとされる自由シリア軍にしても、共闘しているグループにはアルカイダ系がいるので、アメリカもヨーロッパも全面支援というわけにいかない。したがって、基本的にはロシアの影響力をある程度認めて、何とか「和平へ」という動きが中心になる。

政策の行き詰まりとポピュリズム

そのように考えると、現代の先進国は、主要な2つのテーマ、すなわち経済財政と軍事外交という点において、それぞれ「緩和＋再分配という大きな政府論」と「不介入主義」という大きな流れから外れることが、困難な状況にあると考えられる。その中で、実際に実行可能な政策ということになると、極めて狭いゾーンになってこざるを得ない。

現代の先進国において、政治的に無視できなくなってきた「ポピュリズム」の問題も、ここに関係している。

たとえば、アメリカにおけるトランプ現象、英国におけるEU離脱といった現象について、一般的には教育水準の低い中高年層が現代のグローバリズムに反発して感情論を暴走させているという理解がされている。たしかに真実の一面を突いた見方ではあるだろう。だがそれとともに、経済財政と軍事外交といった政策論の分野で「対立軸」が機能しなくなってきた結果、成功している階層への妬みや憎悪といった感情論が「行き場を失っている」ということがあるように思われる。

アメリカの大統領選は、ここへ来て「トランプの勝ち目はないのでは？」という漠然としたムードが漂っているが、それとは別にヒラリーは、トランプを「危険な白人優越主義」だとして激しい批判を加え、これに対してトランプは「ヒラリーこそ他の考えに非寛容（bigot）」だと応酬、激しい言葉での中傷合戦になっている。

冷静に考えれば、ヒラリーは政策論をどんどんトランプに吹っかけるべきだが、そうはならず、人種の絡んだ、イデオロギーというよりも感情論での応酬が意味もなく回っている。これも、ヒラリーとしては、「現実を直視したならば、政策の選択範囲は狭い」ということをよく分かっている中で、今さら真剣な議論をしても上手くゆかない、そこでイデオロギー的なケンカを売り買いし、自陣営を引き締めればそれでいい、という判断なのだろう。

そうは言っても、米国の長い歴史が育んできた「アメリカ流の保守主義」つまり「自主独立と相互扶助」といったもの、そして反対に「アメリカ流の理想主義」つまり「アメリカを民主主義の実験場としつつ世界に理想的な民主主義を拡散していきたい」というカルチャーが消えたわけではない。

ただ、世界情勢が複雑化したことで、従来型の左右対立、すなわち「政策論とイデオロギーが上手くパッケージにされた」中で「二大政党制が機能する」のが難しくなっているのだ。そんな中で、右のポピュリズムとしてトランプがあり、左のポピュリズムとしてサンダースが善戦し、ヒラリーは「現状と現在の成功者の代表」のように見られて実務的にアメリカを牽引しつつ、一部から憎まれる、という宿命を背負わされているように見える。

では日本はどうだろうか。安倍政権が事実上極めてリベラルな経済財政政策を取りつつあること、財政規律と通貨価値の維持ということでは反統制的であること、米国との協調、韓国、ロシア、中国との外交においても事実上の国際協調主義を取っていること、といった現象はこの「狭いゾーン」の具体化であると言える。

また左右対立が、軍事外交の法律論やエネルギー多様化の方向性など、イデオロギー的なものに限られており、選択可能な複数の政策を検討するような政治的対立軸は機能していないのだが、これも世界の潮流に重なってくるものと言っていいだろう。

テクノロジーをめぐる新たな問題

では、世界の先進国は、「政策的には選択可能な選択肢はない」という状況の中で、「流れのまま」に進んでいていいのだろうか。

私はそう楽観はできないと考える。先日も連邦準備制度理事会（ＦＲＢ）のイエレン議長が、利上げの環境が整ったとして、アメリカ経済は相変わらず堅調だというスピーチをしている。しかし、そのような、現在の不思議な好況が、いつまでも続くとは限らない。

１つの大きな懸念事項は次のようなものだ。すなわち、ＩＴのイノベーションがどんどん加速する中、テクノロジーというものが、生産性と生活水準の向上に大変な貢献はするものの、経済規模や１人あたりの富の還元という意味で「貨幣経済的には成長しない」種類の「文明だ」ということが、いつか明らかになるかという懸念だ。

ヒラリー・クリントンの政策パッケージには、こうしたＩＴ戦略に関しても、人材育成からグローバルな競争力の加速まで「全体像」が書かれている。だが、ヒラリーや民主党、あるいはウォール街の人々は、この点について少々楽観的に過ぎるのではないだろうか。

というのは、仮に「テクノロジーの進化は貨幣経済上の成長を意味しない」というトレンドが明らかになったとすると、それは、電子部品産業の中心地である日本、巨額の生産設備投資を続ける中国の両者にとって、大きな打撃になる。日本としては、何とか小回りを利かせて立ち回ってゆくにしても、中国の場合、生産設備の巨大な評価額が不良化すると大変な事態に陥る。陳腐化した「モノ」の生産設備が一気に不良資産化するようだと、中国発の恐慌ということもあり得るのではないかと思われる。

そう考えると、ITがAIとビッグデータ、端末の多角化などによって全く新しい段階に入っていく中で、社会がそれにどう適応するかということが、今後の大きな問題になるだろうということがよく分かる。そこでは、カネに還元できるもの、できないものの峻別など、文明レベル、哲学レベルの議論が必要となる。そこで「勝つ」のは、その議論をオープンに行い、最適な結論を得、社会全体がそれに納得した国だろう。

そのように考えてみると、現在の不思議な政治状況というのは、ある種の過渡期なのかもしれない。仮に近い将来、IT利用の可能性について、国を二分する大議論が起きるとしたら、そのような議論の土俵として、アメリカという国が機能するのではないか。そして、フルパッケージの2つの価値観が切磋琢磨してきた「二大政党制」というカルチャーが、そのときにはもう一度生きるのではないだろうか。

トランプ「メキシコ訪問」の奇々怪々

2016/9/1

メキシコ大統領と「壁」について議論

トランプは、2015年の6月に大統領選に立候補を表明して以来、「外遊」を計画したことが何回かあった。2015年の12月にはイスラエルを訪問しようとしたが、ネタニエフ首相に面会を拒否されたことで訪問を断念していた。

この時点ではハッキリと「イスラム教徒の入国禁止」という「スローガン」を掲げていたトランプを、イスラエルが歓迎しなかったのは当然だ。イスラエルは多民族、多宗教国家で、イスラエル国民の約17％がイスラム教徒だということを考えれば理解できる。

続いて、2016年6月にはアイルランドへの訪問を計画したが、このときは計画が話題に上っただけで「人種差別主義者の入国反対」デモが発生し、とても入国できる雰囲気ではないということで断念している。

そのトランプが、8月31日にメキシコを訪問した。ちゃんと首都のメキシコ・シティーを訪れ、大統領府でエンリケ・ペーニャ・ニエト大統領と会談し、共同会見までやったのである。

会見の中身は、「西半球の繁栄と安全に関する協力」をするという点で一致したというのが基本トーンであり、「外交辞令」が主だったようだ。

ただ、会談後にトランプは、「国境に建設する壁についても議論したが、費用の負担については話題に上らなかった」としている。一方で、ペーニャ・ニエト大統領は、会談後のツイートで「トランプの発言は虚偽だ。自分は壁の建設費用について、メキシコは支払わないとハッキリ言った」と述べており、早速食い違いが出ている。

ただ支持者たちが盛り上がっただけの集会

このこと自体がかなり問題なのだが、もっと重要なのは、トランプが、メキシコ・シティー訪問の後に、アリゾナ州のフェニックスで支持者を集めて大集会を開いたということだ。事前に「移民政策に関する主要な政策の発表」があると通告されていたこともあり、各ケーブル・ニュース局は特番を組んで対応した。

その「主要な政策」とは、何とも奇妙なものであった。そこには3つの特筆すべき点があったと思われる。

1つ目は、その「メキシコとの壁」の問題だ。ペーニャ・ニエト大統領との会談の直後にもかかわらず、スピーチの冒頭「1番目の政策」として、「メキシコ国境に大きな壁を作る」とブチ上げ、しかも「費用はメキシコ持ちだ」とやったのである。会場内は大喝采になったが、これは問題である。

アメリカではリオ五輪の際、自分が加害者のくせに被害者だという証言をしているアメリカ人の水泳選手が、アメリカからブラジルに戻って出頭するかどうかが注目されたが、この水泳選手の問題と同じように、トランプのこのような発言に対しては、メキシコから逮捕状が出てもおかしくない。

2つ目は、その雰囲気だ。「さあ楽しい時間を過ごそう」という「いつもの支持者集会」と同じ、軽い「ノリ」、「じゃあ、準備はいいかな? 1番目から行こう」という調子で、まるでお笑いトークショーのような話し方で始まったのには驚いた。

聴衆はほとんどが「トランプのファン」という雰囲気で、スピーチの中身はどうでもよく、ヒラリーやワシントンの悪口で盛り上がりたい以上でも以下でもない集団のようであった。イスラム教徒の入国者には「イデオロギー試験」をするという箇所では、聴衆から「USA、USA」というコールが飛び出し、トランプ自身も面食らっていた。「国を愛するのはいいことだ」などという意味不明のリアクションを返していたぐらいである。

一方、「どうして不法移民はいけないのか?」というロジックとしては、「不法移民には凶悪犯罪を行う人間がいる」という説明で一貫しており、何とスピーチの終わりには、「不法移民の犯罪者に殺された被害者の家族」を大勢登場させている。「犯罪者に寛容なリベラルは犯罪者と同じ」という憎悪を煽ったわけだが、市政や州政レベルならともかく、この種の「ネガティブ・キャンペーン」を大統領選に使うというのは珍しい。とにかく、異様な雰囲気のスピーチだった。

3つ目に、そんな「ヘイトスピーチすれすれ」の内容に加えて、簡単なことで「USAコール」を大合唱してしまう妙な聴衆という組み合わせにしては、具体的な内容は「穏健」だったということがある。壁の費用について相変わらず「メキシコ持ち」だと言っているのは大問題だが、それ以外については、重大犯罪の場合の国外追放についても、ビザ発給時の生体認証の導入についても、中身は常識的であった。

ということで、トランプのスピーチの中身を検証してみると奇々怪々なことこの上ないのだが、支持者たちは大いに盛り上がって満足していたようだ。

今のところ、この集会に対する表立った非難や抗議はないようだが、もしかしたら同時選挙となる共和党の上下両院議員の候補者たちには、ここまでバカバカしい選挙戦が続けば、かえって「トランプと自分は別」だと開き直った選挙戦が可能になる、という思惑があるのかもしれない。いずれにしても、奇々怪々な選挙戦が継続しているとしか言いようがない。

ヒラリーの支持率低下で両者拮抗

2016/9/13

トランプがヒラリーに肉迫

9月に入って大統領選の支持率に変化が起きている。ここへ来て両候補の差が縮まってきているのだ。政治サイト「リアル・クリア・ポリティクス」の調査によれば、各種世論調査の全国平均では、ヒラリー・クリントンは8月28日のピーク値48・4％から9月8日の最新では45・6％へと3％近く低下。一方のドナルド・トランプは8月9日の39・9％から42・9％へと3％上昇している。

あらためて9月8日の平均値で見ると、45・6％対42・9％と両者は接近してきている。問題は「スイング・ステート」と言われる中道州で、8月時点ではヒラリーが全勝だったのが、現在では、

フロリダ州――ヒラリーが0・3％優位
オハイオ州――ヒラリーが1・0％優位
アイオワ州――トランプが0・8％優位

ノースカロライナ州――ヒラリーが0・8％優位

となっている。選挙人の数が多く、特に重要と言われるフロリダとオハイオで、ほとんど差がなくなっているというのは深刻だ。しかも、データのトレンドとして、ヒラリーは低下傾向、トランプは上昇傾向が続いている。

激戦州の中で、特に重要とされているペンシルベニアについては、ヒラリーが6・2％の優位を保っているが、ここでもトレンドは差が縮まる方向に動いているとあって、両候補はこの州で重点的に運動を続けている。

一体、何が起きているのだろうか。

政策論争に踏み込まないヒラリー陣営

1つは、トランプ陣営の「安定」である。8月中旬に発足した選挙参謀の新体制では、「オルタナ右翼」を代表する「ブライトバート・ニュース」の会長であったスティーブン・バノンなどが陣営を率いることとなった。

この新体制の方針だが、一部に期待されていたような「トランプのスタイル転換」はやっていない。つまり、大統領として中間層からも信頼されるような「真面目」なスタイルは採らず、相変わらずの「放言モード」で「コアのファンを楽しませ、裏切らない」姿勢を続けている。

その一方で「問題になるような暴言の新ネタ」については、セーブするような管理体制が取られているフシもある。そのような選挙戦における「安定」姿勢が効果を発揮しているのだろう。

2つ目には、選挙戦の低迷ということだ。ヒラリー陣営としては、本来であれば「トランプが真剣味のない選挙戦をしている」として、自分の方はどんどん政策提言をしていけばいいはずなのだが、全くそれをしていない。反対に「トランプは大統領の資質に欠ける」とか「ロシアとのコネクションがあり不適格」だというような罵倒モードの批判を展開しているだけなのだ。

支持者の間ではそれでいいかもしれないが、問題は中間層である。中間層は、元々トランプが大統領になることは期待していない。他方、ヒラリーのことは「次期大統領」という目で見ている。にもかかわらずヒラリーが「低次元のトランプ叩き」ばかりに走り、政策提言をしていないので、悪印象を与えるばかりだ。

それどころか、9月9日には、ヒラリーは、トランプ候補の支持者の半分は「嘆かわしい人人」だという「暴言」を口にしてしまっている。さすがにこの発言はまずいと思ったのか、謝罪しているが、選挙戦の雰囲気が悪化したことは否めない。

また、シリアの内戦にヒラリーはどう対処するのか、イランとの合意にあたって当初報じられた4億ドル（約400億円）ではなく、総計で17億ドル（約1700億円）という巨額なカネをオバマがイランに渡したのはなぜか、などといった外交問題については、与党民主党としてオバマの後継であるはずのヒラリーの口からハッキリした説明がほしいところだが、ヒラリーの肉声は聞こえてこない。

メール疑惑や夫の財団がらみの小さな「スキャンダルの新ネタ」がチョロチョロと出てきていることは前述した。致命的ではないものの、じわじわと、ヒラリーにとってのダメージになっていることは確かだ。ご本人は「保守派の陰謀だ」と意に介さないようだし、「スキャンダルの宝庫」であるトランプに比べれば、自分は大丈夫だと思っているのだろう。だが、次期大統領として見ている世論からは、そうした甘い姿勢が厳しい評価の要因になっているのに気づいていないのではないだろうか。

３点目としては、メディアの思惑というものも働いていると考えた方がいい。仮にこのままヒラリーが圧勝してしまうと、９月26日から始まるＴＶ討論の視聴率も下がるだろうし、選挙広告の出稿という巨大なビジネスの売上も低迷してしまう。メディアとしては、大統領選は「接戦」でなければ困るのである。

世論調査に作為が加えられているとは考えにくいが、接戦に持ち込もうというメディアは、どうしてもそのような演出を加えがちだ。特に「熱狂的なトランプのファン」からの視聴率を取り込もうと、トランプに「媚《こ》びる」表現も目立ってきている。そうした効果は無視できない。

ヒラリーとトランプの支持率接近という現象については、以上のような要素が働いていると見ることができる。もちろん、現時点ではヒラリーの圧倒的な優位は変わらない。その証拠に、上院議員選の動向を見ると、「トランプのマイナス効果」で共和党が苦戦しているというデータに変わりはない。

だが、ヒラリーが踏み込んだ政策論争に出ていかないと、このような選挙戦の低迷は続くだろう。そして、終盤に差し掛かったときに、仮にヒラリーに何らかの「全く新しいスキャンダル」が発覚したり、アメリカの株価が大きく下がって「刷新ムード」が出てしまうと、両者の票が思い切り接近するということも、まだ可能性としては残っている。

2016/9/13

ヒラリーの風邪を大問題にしたい人たち

大統領候補でも風邪はひく

9・11の慰霊式典が行われた日は大変な猛暑となった。実は、その直前の8日から10日の3日間が「戻り残暑」とでも言うべき天候となり、11日は寒冷前線が通って爽やかに晴れるはずだった。

だが、実際のところ前線通過はお昼前後となり、この日の午前中は異様な蒸し暑さとなった。私の住むニュージャージーでは、午前8時頃から異常な高温だったから、お隣のニューヨークでも同様だったと思われる。

そんな中、この慰霊式典には多くの政治家が参列していた。一時は招待しないということになっていた、ヒラリーとトランプも列席していた。もっとも、政治家のスピーチはなしで、スピーチということでは今回は「遺児代表」の25歳の青年が喋ったのがなかなか好評だった。

父親を亡くした心の傷を背負っていたこの青年は、コネチカット州のサンディーフック小学校乱射事件で友人を大勢亡くした子どもたちを激励するボランティアをやったのだそうだ。自分より若い人を助けることで、自分も救われたといういい話だった。

この慰霊式典は、「グラウンドゼロ」がほぼ整備された数年前から、慰霊公園の木陰で行われることになっている。木陰といっても、それほど木が密集しているわけではなく、そして椅子は原則的に置かず、ゲストも立ちっぱなしというのが通常で、今回もそうだった。

そんなわけだったので、おそらく32度ぐらいの猛暑で高湿度の中で黒いスーツを着ていたヒラリーには、辛《つら》い状況だったと思われる。結果的に、気分が悪いということで、予定を切り上げ1時間半で退席したのである。

ヒラリーはそのまま、マンハッタン島内にある娘チェルシーのアパートで休息し、気分がよくなったということでアパートの前に姿を表し、「もう大丈夫」だと手を振って、支持者の子どもと一緒に写真に写ったりしていた。

だが、メディアからは「大統領候補の健康に関する情報開示」が足りないという批判が出、グラウンドゼロから引き上げたとき、SPに両側から支えられて車に乗り込む際に「よろけた」映像が出回ったために、最終的には主治医の診断が公表されることになった。

具体的には"walking pneumonia"つまり軽症のウィルス性肺炎ということで、数日前から咳も出ていたそうである。主治医の強い勧めで、翌12日からの2泊3日のカリフォルニア遊説はキャンセル。数日間は、ニューヨーク郊外の自宅で静養ということになった。

全くもって、それ以上でも以下でもない。大統領候補でも風邪はひくだろうし、診断として慎重を期するのなら、そして抗生剤が効きそうなので処方するのであれば、この「軽い肺炎」という診断も全く不自然ではない。

オーバーリアクションするメディアの思惑

ところが、恐ろしいことに、メディアはこの取るに足らないと言ってもいいようなネタに飛びついて大騒ぎをしているのだ。まず取り上げられたのは、1992年1月に来日したジョージ・H・W・ブッシュ（父）が、当時の宮澤喜一首相主催の晩餐会で、体調を崩して嘔吐したという事件だ。このときは、今上天皇とテニスを2回やって2回とも負けたせいだということで、バーバラ夫人が「負けるのに慣れていないので」というジョークを言って、その場を取り繕ったのが有名だ。

だが、この「ブッシュ健康不安説」は、まさに再選を目指した大統領選挙の年の早々に起きた事件だったので、一部では11月まで「影響を引きずった」という見方がある。要するに「ビル・クリントンの若さ（当時45歳）」を際立たせ、ブッシュ落選の一因になったというのである。

さらに調子に乗ったメディアは、「民主党大統領の健康問題の歴史」などといった内容の記事をダラダラと流し続けている。まず、大統領職の末期に何度も脳卒中に襲われながらそれを隠していたウッドロウ・ウィルソン大統領、そして、ポリオ闘病のため車椅子生活を余儀なくされたことを隠していたＦＤＲ（フランクリン・デラノ・ルーズベルト）、さらには脊椎や内臓に病気を抱えていたＪＦＫ（ジョン・Ｆ・ケネディ）などの「黒歴史」を、いかにも悪いことのように、そしてヒラリーの今回の事件がいかにも深刻な問題のように報じている。

一方で、興味深いのはトランプ陣営の動きだった。トランプという人は、こういう事件に際しては、瞬間的にイヤミなツイートをして喜ぶ趣味があるが、今回は「22時間にわたってダンマリ」を続けたのだ。最後には「大統領職に健康は重要だ」というイヤミはイヤミでもマイルドなものを流したが、とにかく「我慢していた」のである。

この点を評して、8月中旬以来の選対「新体制」による「候補の暴走への抑制」が効いていて、よい兆候だという解説も出ている。それにしても、猛暑の中で多少体調を崩したとか、カゼ気味なのであえて診断すればということで、「軽症の肺炎」と言われたぐらいで、どうしてメディアはここまで騒ぐのだろうか。

そこにはメディアの思惑が作用していると見るのが妥当だ。というのは、仮にこのままヒラリーが圧勝してしまうと困る人たちがいるからだ。たとえば、ヒラリー優位が圧倒的になれば、9月26日から始まるＴＶ討論の視聴率も下がるだろう。どう考えても「オーバーリアクション」としか言いようのない、「ヒラリーの健康問題」が大騒ぎになる理由は、そう考えるしかないと思う。

2016/9/24

トランプ当選の可能性、その深層にあるもの

蘇る「フロリダ再集計」の悪夢

米大統領選は、投票日まで45日を切り、非常に重要な局面に入ってきた。トランプ候補とヒラリー候補の支持率が、いつの間にか拮抗してきたと前述したが、その傾向にさらに拍車がかかっている。

支持率だけを見れば、政治サイト「リアル・クリア・ポリティクス」による、最新の「世論調査の全国平均」で、支持率の単純平均値が、

ヒラリー・クリントン——46・2％
ドナルド・トランプ——43・2％

となっており、9月上旬時点とあまり変わらない。支持率の平均が僅差になることは、実はこれまでもあった。

問題は、実際の選挙制度にかかわる「州ごとの選挙人数予測」だ。こちらに関しては、これまでは、ヒラリーの方が「ブルー・ステート（民主党の地盤）」を完全に押さえたばかりか、

「スイング・ステート（中道州）」は「総取り」の構えだった。
だが、ここへ来て状況が変わってきた。中道州のデータがどんどん変わっているのだ。現時点では、最終的に当選するために極めて重要な中道州のうち、
フロリダ州——トランプが0・1%優位
オハイオ州——トランプが1・8%優位
ノースカロライナ州——トランプが1・8%優位
ネバダ州——トランプが2・3%優位
アリゾナ州——トランプが2・2%優位
ということで、僅差ではあるが、トランプがリードしている。その結果として、仮に現時点での情勢を踏まえて「選挙人（エレクトラル・カレッジ）」の集計を行うと、
ヒラリー・クリントン——272人
ドナルド・トランプ——266人
と、ほとんど拮抗しているという結果になる。この数字について、一部の専門家の中には、非常に稀なケースとして、「ネブラスカ州で、特殊ルールにより選挙人数が割れる」などの現象によって、最終的な獲得選挙人数が「269対269」で同数になる可能性を指摘する声もある。

ちなみに、このネブラスカだが（メイン州も同様）、州の代議員の「勝者総取り」ではなく、下院議員の選挙区の動向によっては、1人もしくは2人が「州全体の判断とは別の投票」をする可能性がある。そうした「州の票数が分割される」ことで、通常は理論上あり得ない「両者同数」になる可能性が取り沙汰される、そのぐらいに情勢が拮抗しているのだ。

そのような場合には、「大統領は下院が、副大統領は上院が選ぶ」という規定がある。そうすると、現在の下院は共和党が優勢なので、トランプが大統領になる可能性があり、そこで様様なドラマが生まれるかもしれない。ちなみに、この「下院の職権としての大統領選出」については、「議員1人1票ではなく、各州議員団で1票」となる。そのような可能性が取り沙汰されるぐらい、拮抗してきているという状況なのだ。

さらに言えば、トランプ陣営は「選挙不正の可能性がある」と現時点で吠えており、仮に僅差で敗北ということになると、2000年の「ブッシュ対ゴア」の選挙の際に発生した「フロリダ再集計」のような悪夢が蘇るかもしれない。

格差是正に積極的なヒラリーがなぜ苦戦するのか

一体何が起きているのか。先日アップしたNewsweek日本版のブログでは、私なりに4点理由を挙げて整理してみた。

1点目は景気の不透明感
2点目はテロと安全保障に関する不透明感
3点目はヒラリーが、トランプ叩き「しか」しないという選挙戦術の弊害
4点目はトランプの「コアのファンを裏切らない」巧妙な戦術
というまとめ方だ。テクニカルにはその説明ですべてがカバーできるだろう。
そして、この「トランプ人気浸透」という現象には、英国における「BREXIT」と同じように、「現状打開」のためには「一度何もかもぶっ壊したい」というような情念が感じられる。そのような解説が可能だ。
これに加えて、アメリカ社会については、1つの顕著な、そして恐ろしい現象が進行しているという見方も必要であろう。
それは、21世紀に入ったアメリカが、「本当の意味での先進国型経済」になっていったという問題だ。つまり日本で言うIT、金融、バイオ、製薬、宇宙航空といった先端産業における開発と経営により、世界を牽引するという経済である。
これまでにも言及してきたことだが、この全く新しい経済には2つ特徴がある。1つは、徹底的に研究開発もしくは経営に特化した高度知的労働が中心になるということ、2つ目が、それ以外の大量生産機能は国際分業における最適地へ移動させるということだ。

その結果として、よく言われるのが格差の拡大である。今回の大統領選でも、トランプ陣営だけでなく、民主党左派のサンダース陣営がこの点を強く訴えた。ヒラリー候補も、サンダース支持派との政策調整を経て、公立大学の一部無償化や大型の公共投資など、格差是正や再分配を含む「大きな政府」政策を掲げている。

では、格差拡大が進行するなら、格差是正や再分配に積極的なヒラリー陣営がどうして苦戦するのか。また伝統的な「小さな政府論」を捨てたと言っても、格差是正には熱心でないトランプ候補がどうして支持されるのか。もっと言えば、格差に関して言えば「トップ1％」に属するのは間違いない大富豪一族であるトランプ・ファミリーが、どうして憎悪の対象にならないのか。

「知性の階層化」と「政治的正しさへの反発」

それは、アメリカの有権者の深層心理の中に1つの認識が生まれているからだと思われる。それは「この国では知的労働しか評価されないし尊敬されない」ということへの絶望と怒りの感情だ。これは世界に一般的な現象なのかもしれないが、特にアメリカでは今回「トランプ現象」として暴走しているように思われる。そこには2つの要因があるだろう。

1つは、アメリカにおける「知性」という問題だ。日本と比較対照してみると分かりやすいのだが、日本の場合は「真に知的な人は一種の世捨て人」として「経済的には必ずしも報われない」という形で、知性と経済的成功、あるいは知性と社会的地位は奇妙な格好で分離されている。

大きな企業グループを指導する経営者が庶民的な演歌が好きであったり、大富豪が金ピカな豪邸を建てたりするカルチャーは、以前ほどではないが日本には残っている。反対に、知の巨人だとか、一流の学者と呼ばれる人は、社会的には地味な存在であり、それで自他ともに納得したりしているところがある。

ところが、アメリカの場合の「知性」は、かなり違う。たとえば、シリコンバレーの指導的な人々は、一流の知性の持ち主だが、同時に経済的にも巨大な成功を収めている。その結果として「成金趣味」に走ることもなく、洗練されたライフスタイルを持ち、慈善事業などを手がけたりする。

一方で、たとえば「ナスカー（全米自動車競争協会）の自動車レース」が好きだったり、プロレスやカントリー音楽が好きで、スポーツバーで騒いだりする、また中西部だと狩猟の解禁日にはワクワクして「鹿撃ち」に出かけたりするようなグループがある。従来は、そうしたグループも、製造業やサービス業などで安定した収入を得、社会的にもプライドを保つことができたのだが、現在は違う。

そうした社会の変化の結果、「多様な人々が対等な存在として共存する」というアメリカ社会で、一種の「カルチャー的な階層化」「知性の階層化」が濃厚になってきたということがある。この現象は、もちろん90年代から出てきており、2000年代には「ブッシュ時代の草の根保守」という形で、軍事タカ派的なカルチャー、あるいは宗教保守派的なカルチャーとして表に出ていた。それが、2010年代に入って、「その本質は知性の階層化である」という事実が「バレてしまった」感がある。

2つ目の問題は、これに「政治的正しさ」や「人種」の議論が重なるということだ。たとえば、アップルのクックCEOが自身もゲイであることをカミングアウトし、LGBTの人権問題に熱心に取り組んでいるように、そして他でもないオバマ大統領の存在が人種のヒエラルキーに楔《くさび》を打ち込んだように、現在の「知的階級＝富裕層」は、多様性の共存という「勝手なカルチャー」を錦の御旗として掲げている、そう見られている。

その結果として、「高卒以下の白人ブルーカラー層」は、時代のトレンドから取り残され、完全に「見下され、バカにされている」という被害感を持つに至っている。たとえば、トランプ陣営には「ブロンドの白人女性」がたくさん参加しているが、これはトランプ支持の男性（本人を含む）が「そうした女性が好き」であるというよりも、「ビヨンセ・ノウルズや、ミシェル・オバマが最も格好いい女性だ」という時代にあって、「ブロンドの白人女性」という存在が、「理不尽なまでにバカにされてきた」ということへの怨念の、裏返しの表現であるように思われる。

つまり、白人としての優越感ゆえに差別に加虐的な快美感を持っているのではなく、白人であること、無学であることが「理不尽なまでに徹底して差別される時代」であり、同時に経済的成功からも見放されたグループとして鬱屈している、そこが今回のトランプ現象の核にあるものなのだ。そうした怨念が核にあることが、「政治的正しさ」への反発も伴っていることの理由である。トランプやその陣営は、選挙戦を通じて「暴言」を吐いては炎上を繰り返している。だが、そこには明確な理由がある。

たとえば、最近、トランプの長男、ドン・トランプ・ジュニアが、「移民というのは毒入りのキャンディーのようなもの」だとして「山盛りになっている中には2つか3つ毒入りの粒が入っている」という暴言ツイートをして物議を醸した。

これこそまさに典型的な例だが、それは「本当に移民が毒だと言いたい」わけではない。そうではなく、「もしかしたら弊害があるかもしれない移民や難民の受け入れ」を「善なる行為」だとして推進する「オバマ的、ヒラリー的な知的富裕層」のカルチャーが、自分たちの名誉を蹂躙《じゅうりん》し、自分たちをバカにし尽くすために「政治的正しさ」を掲げている、そのことに何としても反抗したい。そこに情念の核があり、具体的な言動はあくまでその「名誉の争奪戦」

における比喩に過ぎないと考えるのが正当ではないだろうか。

「非知性の名誉」という問題

そうなると、そこには「非知性の名誉」という問題が横たわっていることが分かる。トランプの暴言は、暴言による中傷や迫害によって対象を傷つけ、発言者が加虐的な喜びを得るためのものではなく、「政治的正しさ」を掲げ「知性と名誉と富」を独占してきたオバマ的なるもの、ヒラリー的なるものへの激しい抵抗の表現と理解すべきなのだ。

もちろん、アメリカの分厚い中道層には、そうした感情論や怨念とは無縁の常識ある層が、巨大なものとして存在する。だが、経済の停滞感から、この中道層においても、ジワジワと「ヒラリー路線では自分は成功から疎外される」という被害感を抱く部分が増えていると思われる。

そして、ヒラリーはこの問題を分かっていない。ヒラリーだけでなく、アメリカの富裕層、知的階層において、この問題はちゃんと理解されていない。それは、彼らの中に骨の髄まで「人間は皆平等」だという感覚が浸透していて、自分たちが知らず知らずのうちに「非知性の名誉」を否定してきたことへの反省がないからだ。

もちろん、この点に関して言えば、知的富裕層の側に、「反省しない」ことこそがそのような非難に対して「堂々と批判をする」ことであり、「庶民の名誉に対等に向かい合う」ことなのだという姿勢が、少なくとも90年代までのアメリカにはあった。だが、現代はかなり違ってきている。その点でも、やはり、ヒラリーは難しいところに立っている。

たとえば、先にも触れた、9月9日のヒラリーの発言である。「トランプ支持者の半分」は“basket of deplorables”（嘆かわしい人々）だという発言は、その時点では「ネタ」として話題になっただけだったが、その後、ジワジワと効いている、それもヒラリーに不利になるような形で浸透しているように思われる。これは、イディオムとして確立した表現ではなく、ある種ヒラリーのアドリブのようで、意味としては「残念な人々の集まり」という感じだろうか。もっとザックバランに意訳するのであれば、「ジャガイモを入れておくような貧相なカゴ一杯に盛られた、嘆かわしいダメな連中」というような感じだ。日本なら「大炎上」というところだが、アメリカでは実にアッケラカンとしていて、トランプ陣営は早速、「ヒラリーは、あなたを残念な人と言っている」キャンペーンのCFを思い切り流した。スイング・ステートのペンシルベニアなどでは、相当の頻度で「投下」されている。

この「トランプ支持者の半分は“basket of deplorables”だ」という発言で、ヒラリーはまさに、「非知性の名誉」に対して挑戦してしまったわけで、図らずも現在進行形でアメリカに起きている問題の「虎の尾を踏んだ」格好になっている。とはいえ、私は、「白人の非知性的なグループ」に対して、ヒラリーが低姿勢になればいいとも思わない。この名誉の問題というのは、そう簡単な話ではないからだ。

とにもかくにも、突然具体的な話にはなるが、ヒラリーにとっては「景気と雇用の先行きに安心感を与える」というのが、最も重要だろう。ヒラリーの夫のビルは、1992年の選挙において“It's economy. Stupid!”（経済がすべてだよ、バーカ）というスローガンで、全米に旋風を巻き起こした。実はそんなに政策の中身はなかったのだが、この構造は今でも変わらない。

結局、経済がすべてというのが基本であり、たぶん、そこで説得力を出せるかどうかが、勝敗を決するように思われる。FRBは9月の利上げを見送ったが、同時に年内の利上げは否定しなかった。その何とも不透明な景況感の中、具体的な信頼感を打ち出せないと、ヒラリーの選挙戦は混迷を深める危険性がある。

2016/9/27

トランプが「点火」した米保守派の反日シフト

対日政策をめぐる暴言の数々

2015年6月に大統領選に出馬を表明したトランプが、「在日米軍のコストは全額を日本に負担させる」とか、「負担なき場合は在日米軍は撤退」、あるいは「ただしその場合は核武装を認める」などという暴言を始めたときには、私も含めて、本気にした人間は100%いないと思う。

また「日本の貿易姿勢は不公平」だから、関税をかけて徹底的に国内雇用を守るという主旨の発言も繰り返したが、現在の日本経済においては、アメリカの雇用を脅かしているという構造は非常に限定的だ。したがって、80年代と現代を錯覚しているかのような「レトロ感覚」があるぐらいで、リアリティはないと思っていた。

いずれにしても、日米関係においては「民主党は反日」だが「共和党は親日」だというのが、漠然とした「常識」だという感覚から見ると、トランプの「反日姿勢」には、極めて不自然な感じがしていた。

中には、80年代から90年代にかけて、日本のマネーがNYの不動産を買い漁っていた際に「日本のダンナ衆」の金払いが悪かったので、不動産屋トランプは日本人に悪感情を持っているという説や、そもそも「日本のダンナ衆」はカジノでキレイにお金を使って遊んでくれないので嫌っていたという説もあった。

「反日の書」がベストセラーに

そんな中、この9月に登場した一冊の本に少々考えさせられてしまったのである。

それは、保守派キャスターとして人気のある、ビル・オライリーの『旭日の帝国に死を――アメリカが第2次大戦で日本を壊滅させた方法』(原題は"Killing the Rising Sun: How America Vanquished World War II Japan")という、何とも刺激的なタイトルのものだ。

発売は9月13日だが、現時点では「アマゾンの紙版ベストセラー・ランキング」で全体の3位、より読者の平均年齢の若いキンドルの有料書籍ランキングでも23位につけているというのだから、立派なベストセラーである。

ビル・オライリーと言えば、ケーブルTV局であるFOXニュースのアンカーとして、保守派に絶大な人気を誇る論客だ。ブッシュ大統領の時代に世論を動かした「草の根保守」に強く支持され、イラク戦争やアフガン戦争の遂行に向けて世論を誘導した1人でもある。ここ数年はオバマ叩き、ヒラリー叩きに熱心で、巧妙な話術を使う保守イデオローグの本流とも言える存在だ。

その一方で、厳密な政治的立ち位置は「極右」ではなく、やや中道に寄っているのも事実だ。まず、自分は「保守だから環境に関しては先鋭的」だと称して、ブッシュ時代には温暖化対策に消極的な政権には批判的であった。そして、今回2016年の選挙戦においては、当初からトランプには否定的な姿勢を保ってきている。現在でも、トランプに関しては、是々非々的な態度を貫いており、俗に言う「オルタナ右翼」とは一線を画している。

このオライリーは、ライターとのコラボで（というか、ほとんどはライターの筆によるものと思われるが）著書をどんどん出しており、保守イデオロギーからのリベラル批判本に加えて、近年は「第2次大戦戦史シリーズ」とでも言うべきものをどんどん書いている。

そしてこの『旭日の帝国に死を』なのだが、まず表紙がショッキングだ。いわゆる旭日旗の意匠の真ん中に「きのこ雲」が置かれ、その両側にマッカーサーとトルーマンを配したデザインは、挑発的としか言いようがない。

中身は極めて単純だ。パラオと沖縄の戦いなどを中心に米兵の勇敢な戦いを描く部分に続いて、クライマックスでは、戦争末期におけるスターリンの極東への野心を描き、それに「まんまと乗せられた」日本が、ソ連による「和平仲介」を画策したことを詳述、これに対抗してアメリカが核兵器を使用したことの正当性を一方的に主張しているだけなのだ。

とにかく「イデオローグ」の描く歴史だから、「リテラシー」に欠ける読者を引っ張り回すための筆はお手のものという感じである。たとえば「箱根の強羅」で行われた、元首相・広田弘毅と駐日ソ連大使マリクによる「広田・マリク会談」で、ソ連に和平への仲介が依頼されたあたりなどは、映画化を意識しているかのようにビビッドに描かれている。

戦争を止めない日本、悪意を持って迫りくるスターリン、そして「マンハッタン計画は間に合うのか？」という核開発を急ぐ切迫感が巧妙にシンクロしていく書き方は、まさにイデオローグの面目躍如という感じで誠に困ったものだ。

露骨な単純化と歪曲は昭和天皇にまで及んでいる。たとえば正式なお名でなく、迪宮裕仁（エンペラー・ミチノミヤ・ヒロヒト）とご幼名で記述するなど、故意だとするとかなり悪質な表現がされている。それだけでなく、昭和天皇自身を熱心な戦争指導者として描き、ポツダム宣言の時点まで戦争遂行に積極的であったとして「悪しき枢軸のリーダー」というイメージに仕立て上げているのだ。

慰安婦の問題も、従来この問題を好んで取り上げるのはリベラルの方であったのだが、この本では「拉致と人身売買、性奴隷」という用語を使って批判している。たとえば軍による公式の制度としての「慰安所設置」についても厳しく批判がされており、ソ連に仲介を依頼したことに加えて、原爆投下の口実の1つと言わんばかりの書き方がされている。

「共和党は親日」という思い込みを改めよ

従来は親日的と考えられていたアメリカの保守派から、このような「反日の書」が飛び出したというのは、どう考えればいいのだろうか。そもそも、トランプが執拗に「反日」を口にするのは、どうしてなのだろう。

1つには、トランプの場合には「歴史的な仮想敵よりも、むしろ同盟国に対して冷淡」という姿勢がある。メキシコには「壁」を、日本には「貿易の均衡と防衛費負担」を、そして韓国にも同様の要求をする、さらには、欧州にも距離を置くという姿勢だ。

その背景には、同盟国に対する「大盤振る舞い」を止めればカネが浮くという見方、中国の兵法に言う「遠交近攻」策に近い作戦、あるいは国内の「国際派を気取ったインテリや富裕層」を叩くのが受けるという迎合主義などがあるのだと考えられる。

2つ目としては、何と言っても、2016年5月のオバマの広島訪問に対する「アンチ」があるのだろう。アメリカとして「絶対に謝罪したくない」広島の一件について、大統領が「露骨に謝罪のニュアンス」を込めて訪問した、それによって「アメリカの威光が傷つけられた」と思う人間というのは一定程度いる。そこに目をつけたのだと見ることができる。

いずれにしても、トランプや、そのコアの支持者である「オルタナ右翼」だけでなく、「草の根保守」にも「反日」という空気が出てきたという事態は深刻である。民主党は反日で、共和党は親日だという、日本の、特に永田町と霞が関の「思い込み」は、そろそろ改めた方がいい。

現在のアメリカ世論には「異常な感情論の渦」がトグロを巻いている。考えてみれば、「保守派の反日センチメント」というのも、その「トグロ」の「はけ口」の一つであって、本質的な意味はないのかもしれない。そう考えると、深刻視しすぎるのも問題なのかもしれないが、いずれにしても「意味もなくはけ口にされるリスク」については警戒をした方がいいと思われる。

第1回TV討論、「ヒラリー圧勝」とされるも先行き不透明

2016/9/28

ヒラリーの勝因、トランプの敗因

今回の大統領選TV討論は期待感が高かった。良くも悪くも話題の候補であるトランプとヒラリーが「直接対決」するのは、長い選挙戦の中で初めてということもあるが、同時に、ここ数週間ジワジワと支持を伸ばしてきたトランプがさらに勢いをつけるかどうか、大変に注目されていたからだ。

だが、終わってみると各メディアの評価は「ヒラリーの圧勝」ということで、ほぼ一致している。たとえば、

「直後の簡易世論調査では62％がヒラリー勝利と判断」（CNN）
「トランプはひどい（テリブル）パフォーマンスだった」（NBCのチャック・トッド）
「トランプは大統領の座から引きずり降ろされた」（「USAトゥデイ」のジェームス・ロビンス）
「ヒラリーは宿題をちゃんとやって誰がボスであるかを示した」（政治サイト「ザ・ヒル」の

マリア・カードナ)

「ドナルド・トランプはみすみす機会を逃した」(「ワシントン・エグザミナー」のバイロン・ヨーク)

という具合だ。

では、どうしてトランプに勢いが感じられなかったのだろうか。

まず討論に臨む姿勢に失敗があった。トランプは過去の予備選や支持者集会では、ヒラリーのことを「ペテン師ヒラリー(crooked Hillary)」という蔑称で罵倒するのが「お決まり」になっていた。だが、このTV討論の場では最低限の品格が求められるし、何よりも中道層の反発を食らっては元も子もない。

それに当人に面と向かって「ペテン師」は不自然だ。そこでトランプは、冒頭にこやかにお互い握手をした後で「クリントン長官(Secretary Clinton)」と呼びかけ、以降はそれで一貫していた。

では、ヒラリーの方はどうかというと、トランプに対してファーストネームの「ドナルド」で通した。その結果として、ヒラリーはトランプの風上に立ち続け、そのジャブはトランプに届いた。他方、トランプの方は、罵倒がヒラリーに届かないという、微妙な距離感の失敗につながったのである。

さらに意外だったのが、2人の衣装だ。2人がどんな格好で「大舞台」に登場するのか、「賭け屋のサイト」などでは散々下馬評が言われていた。事前の予想では、

ヒラリーの衣装……青または白

トランプのネクタイ……圧倒的に赤

というのがコンセンサスだった。理由は簡単で、まず共和党のカラーは赤であり、トランプとしても勝負タイは赤で通してきたということがある。一方のヒラリーは、民主党のカラーが青で、自分の選挙戦のテーマカラーも青だ。

ところが、実際は正反対だった。まずヒラリーは、真っ赤な勝負スーツでやって来たのである。まさに戦闘態勢丸出しというところで、それがこの晩のエネルギッシュな姿勢と相乗効果を生んでいた。

一方のトランプは、意外なことに「青」のネクタイを締めてきたのである。柔らかいイメージを出そうとしたのか、あるいは民主党票を奪いたかったのか、赤のタイでは飽きられたと思ったのか。真相は分からないが、これが今ひとつ精彩を欠いたこの日の姿勢に重なって、マイナスの効果があったように思われる。

さて、肝心の内容だが、このTV討論というのは、残念ながら「政策を重要度にしたがって検討していく」ような場ではない。特に今回は全体のテーマ設定がされていなかったこともあ

って、話題がコロコロ変わる中で、「ジャブを利かせて相手を追い詰める」という、言論の格闘技のような進行となった。

格闘技ということでは、特に後半は、ヒラリーが「一本」を取る場面が目立っていた。最大の瞬間は、トランプがヒラリーに対して、「この討論会に向けて周到な準備」をしていたのをズルいというような批判をしたときだった。ヒラリーは、

「ええ、私は準備をしました。そして私は大統領になる準備をしています。そして、それはよいことなのです」

と勝ち誇ったような顔で言ったのである。トランプは苦笑するしかなかった。大事なのは、こうした「細かなやりとり」で勝っただけではない。このヒラリーのコメントでは最後に、「それはよいこと」だというダメ押しの一句を入れている。これは、たとえば「行間」を大事にする日本語だけでなく、英語としても「くどい」感じが確かにある。

だが、この「それはよいこと」というダメ押しは必要なのだ。なぜかと言うと、こうしたTV討論を「初めて見る」ような、政治リテラシーのない視聴者には、そのように黒白をハッキリつけた分かりやすい表現が必要だからだ。

その意味で、ヒラリーは難解な表現は全く使わなかったし、トランプがダラダラ述べた話の中に「ツッコミどころ」が5カ所あったとしても、2つぐらいに絞って簡潔に攻撃をしていた。

まさに、このTV討論というゲームのルールを知り尽くして、徹底して準備してきたことがうかがえる。

とにかく、1時間40分の討論を通じて、トランプはどんどん精彩を欠いていった。そして最後の部分でトランプは、「仮にヒラリーが当選したら、私は全面的に支持する」という発言をしている。敗北宣言にも似たニュアンスが感じられる言葉だが、思わず出てしまったのだろう。この一言が、全体を象徴していた。

最終的な選挙結果への影響は？

では、直前の支持率でトランプに肉迫されていたヒラリーが、このまま強烈な巻き返しに出るのだろうか。そうは単純にはいかないだろう。

1つには、アメリカ社会の中で、現状に不満を抱え、トランプが「すべてを引っくり返して」くれることに期待を寄せる層というのは確実に存在する。この層はTV討論の直前までジワジワ増えてきている。また政治に関する事前知識がない一方で、ヒラリーのことを激しく嫌っているために、今回のTV討論を視聴しても「トランプ善戦」という一方的な印象を持つ可能性がある。

その意味で、今回の討論が「ヒラリー優勢」であったのは衆目の一致するところではあるにしても、これが本格的な世論調査や最終的な投票行動を左右するかという点になると、それは全くの別問題になるという見方も出ている。

もう一つは、今回の「敗戦」を機に、「後がなくなった」トランプ陣営が、第2回・第3回の討論へ向けて必死に準備してくるという可能性だ。

トランプの場合、予備選の段階では「気に入らない討論会はボイコット」したこともあり、今回も「フットボールのNFLの試合と重なると支持者が困る」という理由で日程にイチャモンをつけたりしている。トランプ応援団のルドルフ・ジュリアーニNY元市長などは、「司会がアンフェアだから2回目と3回目はボイコットすべき」という発言をしている。もっともボイコットが自殺行為になることは明らかであり、とにかく参加することで逆転を狙うしかないと思われる。

具体的には陣営内の人事を入れ替え、さらに新たな「選挙のプロ」を招聘してくるかもしれない。あるいは、ヒラリーのスキャンダルを徹底的に叩く作戦を仕込んでくるかもしれない。いずれにしても、10月9日の第2回討論に注目したい。

前代未聞のトランプ節税ストーリー

2016/10/4

税金を納めていない証拠が発覚

第1回TV討論で、最も厳しいやり取りになったのは、「トランプが過去の確定申告書を公開していない」という現実をめぐる部分であった。

まず、トランプは「自分の過去の確定申告に対しては、国税（IRS＝内国歳入庁）が監査に入っている」ので、その監査が終わらないと確定しないし、公開もできないという弁解を行った。要するに自分の顧問弁護士が「公開したくても認めてくれない」というのである。

そう言った舌の根も乾かぬうちに「でも、ヒラリーが自宅のサーバから消去した3万3000通の電子メールを公開したら、自分も確定申告書を公開してもいい」と、例によって「お得意のディール（取引）」を持ちかけたりもしていた。

これに対してヒラリーは「ドナルド（トランプ）が確定申告書を見せたがらないのにはいろいろな理由が考えられる」として、列挙を始めた。「第1に、確定申告書を公開すると、自分が全然お金持ちではないことがバレて格好悪いという可能性。それから第2に、これまで吹聴してきたほどチャリティーをやっていないことがバレる可能性」という具合に、かなりジョークを交えての追及であった。

そして3番目にやっと本論に入り、「もしかしたら欧州の銀行などに大借金があるのがバレるとか、もしかしたら確定申告の結果、全く国税を納めていないことが明らかになるかもしれない」と追及したのである。ここでトランプは「悪童っぽいアドリブ」を利かせて「そうそう、その点で俺様は賢いのさ」と、まるで自分が税金を納めていないことが「賢い」とでも言いたげな茶々を入れたのだった。誰もが、ヒラリーが「一本を取り」、トランプは「自滅した」と思った瞬間だった。そして、この応酬には、その後「証拠」が出てきたのである。

10月1日の「ニューヨーク・タイムズ」は、1995年度のトランプの確定申告書を入手したとして、その内容を公開した。それによると、1995年には事業の失敗により、トランプ夫妻の「確定申告」では、トータルの収入が9億1600万ドル（現在の価値で約925億円）のマイナスだったとしているのである。

この巨額のマイナスは、以降毎年の申告に繰り越すことが可能となっており、おそらく18年間かかって「損失の償却」をしている間は、そのマイナスを分割して繰り越すことで、毎年の課税所得はゼロになり、連邦所得税（国税）はほとんど払わずに来ているということが濃厚だというのである。そして、本人とその周囲も否定はしていない。

ところで、このスクープ記事を書いたのはスザンナ・クレイグ記者だが、一体どうやって「トランプの確定申告書を入手」したのか。クレイグ記者によれば、自分のメールボックスに「トランプタワー発」という匿名の封筒があり、その中に確定申告書のコピーが入っていたというのだ。要するに「内部告発」があったというのである。何ともミステリアスな話であり、まるで陰謀渦巻くTVの政治ドラマのようだ。

超弩級のスキャンダルになるはずが……

いずれにしても、この「ニューヨーク・タイムズ」の記事が出たところで、関係者も読者も「これは大ニュースだ。ようやくトランプの凋落が始まるぞ」と思ったのは間違いない。というのは、アメリカという国は、「納税義務」には大変に敏感な国だからだ。だから、大統領候補が長い間連邦所得税を払っていないらしいというのは、通常の選挙であれば、超弩級のスキャンダルになる。

ところが、ここで再びミステリアスな流れが生まれた。トランプの「納税ゼロ」が暴露されたにもかかわらず、トランプ支持派を中心に、「税制を熟知していて究極の節税をしているトランプは天才だ」という擁護論が出てきているのである。

そのロジックが何とも奇妙な話になっている。「トランプはたしかに税金を払っていない」

とした上で、そのトランプが「これではいけない」と言って「富裕層の租税回避ルール」を改革すると言っている、「その主張は見事」だという理屈なのである。

一瞬屁理屈のように見えるが、大真面目に言い続ければそれなりの効果があるようで、週明けの時点では、「納税ゼロ問題」は、それほどのダメージになっていないようなのである。

ヒラリーは、「そもそも1年で9億ドルの損を出す人間が、どうしてビジネスの天才なのか？」と言って批判しており、それはたしかにそうなのだが、当初考えていた「トランプが納税していないことがバレたら命取り」という目論見は、まんまと外れてしまった格好だ。

このエピソードを、各メディアはおもしろおかしく伝えている。だが、先に述べたように、アメリカという国の基本的な価値であるところの「納税の義務」に対して、根本的に挑戦してきたような人物が、その点も含めて人気を集め、大統領に就任する可能性を残しているというのは大変なことである。国の基本的な価値が揺らいでいると言っても過言ではない。

こうなると候補本人だけでなく、視聴率稼ぎのために選挙報道を「エンタメ化」している各メディアにも大きな責任があると言える。

副大統領候補討論、その不思議な進行

2016/10/5

「トランプ隠し」に徹したペンス候補

10月4日、バージニア州で行われた副大統領候補のTV討論は、様々な意味で注目されていた。まず、共和党のマイク・ペンス候補（インディアナ州知事）は、前週以来「国税を長期間にわたって払っていない」として「炎上」中のトランプ陣営を「救う」ことができるかという点が話題になっていた。

一方の民主党のティム・ケイン候補（バージニア州選出上院議員、同州の元知事）には、相方のヒラリー・クリントンが若年層の間で不人気であるのをカバーするという役割、具体的には人間味や庶民性を期待するという声があった。

その討論の中身は、大変に不思議な進行だった。不思議というのは、ペンス候補は「まるでドナルド・トランプという候補の存在がない」かのように振る舞ったのである。一種の「トランプ隠し」作戦だ。

たとえば、ケイン候補が「トランプは税金を払っていない」と突っ込むと、ペンス候補は、

「困ったような顔をしながら首を横に振る」という、まるで、ケイン候補の批判している点が「ウソ」であるかのようなボディ・ランゲージを見せるのだ。そして、その批判に対して反論するのかというと、それは「一切しない」。まさに「トランプ隠し」という、非常に高度な戦術である。

ではペンス候補は何を語っていたのかというと、極めてクラシックな共和党的な論法によって、民主党のリベラリズムを攻撃していたのだった。たとえば、中絶問題では強硬な姿勢を見せ、財政規律に関してはオバマ政権を批判するという論法である。そして、その「典型的な共和党右派の論法」は、トランプのアナーキーな罵倒スピーチに慣れた耳には「何とも言えない懐かしさ」を感じさせたのだった。これもまた、「トランプ隠し」にほかならない。

そんな中で、ケイン候補はあくまで「トランプ」にこだわっていた。たとえば、ペンス候補が「ロシアの横暴を許したのは、オバマとヒラリーの外交が弱いからだ」と攻め立てると、ケイン候補は「そのロシアのプーチンをトランプは賞賛している」と激しく突っ込む。だが、そのケンカを、ペンス候補は「困ったような顔」でスルーする。その繰り返しだった。

ケイン候補はペンス候補の発言を遮って「でもトランプはこう言っている」とか「その点についてはトランプはこうも言っている」と、トランプの暴言や罵倒のセリフを持ち出して攻撃するのだが、結果的にどんどん空回りしていった。何も考えずに見ていると、ケイン候補は

「とにかく相手の発言を遮る失礼な人間」とか、「攻撃的に過ぎて安っぽい」イメージになるというわけだ。

実際、CNNとORC(オピニオン・リサーチという調査会社)が共同で行った討論直後の簡易世論調査では、「ペンス候補の勝利」とした人が48%、「ケイン候補の勝利」としたのが42%と、ペンス候補優勢という結果が出た。

オバマ逆転の「故事」再来でトランプ巻き返しか

メディアも同じようなことを言っており、CNNでは民主党系の評論家たちも、「今回はペンス候補が勝利」だなどと、まるで「ゲームとしてのディベート」であるかのような論評をしていた。

中には、2012年の大統領選で、オバマが第1回のTV討論では精彩を欠いた後、副大統領候補討論でバイデンが、共和党のポール・ライアン候補に圧勝したことで、それが第2回討論でのオバマの巻き返しにつながった、などという「故事」を持ち出して、トランプ候補の「復調」に期待するという声も出ていた。

それにしても、ケイン候補の「トランプ批判」を徹底的に「スルー」したペンス候補の戦術は異常だった。とにかく困ったような顔で首を振りながら聞いて、自分の番になると「一切なかったかのように」別の話題で民主党への攻撃を始めるのだ。

要するに「メキシコ国境に壁を作る話」も、「イスラム教徒の入国禁止」も、「サウジ、日本、韓国への核武装容認」も、ペンス候補の手にかかると、何もかもが「なかったこと」になってしまうのだった。

リベラル系のメディアからすると、ペンス候補はトランプ候補を「擁護しないことが6回もあった」という批判になるのだが、これは完全に確信犯だろう。つまり、伝統的な共和党の支持者たちに「自分たちは共和党だ」ということを再確認させて、少なくとも議会や知事の候補に関しては棄権せずに投票し、あわよくば「トランプ＝ペンス」のコンビにも投票させよう、そうした緻密な計算の上での行動だったと見ることができる。

トランプ「大炎上」下の第2回TV討論

2016/10/11

「女性蔑視発言」「究極の節税」で大炎上中

第2回のTV討論は、10月9日の晩、東部時間の午後9時から、ミズーリ州セントルイスにあるワシントン大学セントルイス校で行われた。何もかもが異例の討論だった。

事前の段階では、トランプに関する2つの問題が大きくクローズアップされていた。

1つは、10月7日に「ワシントン・ポスト」が暴露して以降、全米の話題を独占したトランプの「女性蔑視発言」についてである。内容に関しては、当初は「自分は有名人だから女性を自由にできる」という発言が問題になったが、それだけでなく、「狙った女性に強引にキスをした」とか「下半身を触った」などという性犯罪を匂わすような発言も出てきて、全米で「大炎上」という状況になっていた。

もう1つは前項でも述べたが、前回のTV討論後に明るみに出た、トランプの「究極の節税」、つまりおそらくは18年前後の間、連邦所得税を払っていなかったという疑惑についてだ。この「2大スキャンダル」に関して、トランプがどんな弁明をするのかが注目されていた。

先手を打ったのはトランプ側だった。討論の数時間前に波乱があったのである。トランプは突如、「ビル・クリントンの不適切な性的行動の犠牲になった女性たち」として、有名なポーラ・ジョーンズ（クリントンの不倫相手とされて1992年の選挙戦で一部に話題を提供した女性）など3名を連れてきて会見をしたのである。

要するに、ヒラリーが「夫の悪行をかばっている」ということは、こうした被害者の女性から見れば「女性の敵」だという論法である。トランプ側は、この女性たちをこともあろうにTV討論に同席させた。一時は家族席に座らせて、隣のビル・クリントンに圧力をかけようとしたが、さすがにそれは主催者側から拒否されている。

ヒラリーは握手を拒否

ということで、討論には最初から完全に「ケンカ腰」という雰囲気が漂うことになった。討論の冒頭では、ヒラリーはトランプとの握手を拒否したし、ビル・クリントンと娘のチェルシー夫妻は、トランプの家族との握手を拒否した。そんなわけで、完全に冷戦モードで討論はスタートしたのだった。

討論の中身だが、まず「女性蔑視発言」に関しては、トランプは「ロッカールーム・トーク」、つまり、男性がスポーツの後で、ロッカーのある更衣室でシャワーなどを浴びながら、男同士「ここだけの猥談」をする、その程度のことだとして終始居直っていた。

これはもちろん、世論としては納得できるものではなく、一夜明けた10日の朝から各メディアに「炎上」の材料を提供した形だ。また「連邦税を払っていなかった」という問題に関しては、損失を繰り越して節税したのかという質問に対して、トランプは「もちろんだ」とアッケラカンと認めてしまっていた。

トランプの側は、この「2大スキャンダル」を何とか押し返そうと、「ビル・クリントンの性的被害者」を連れてきたわけだが、さすがに社会的には「終わっている」事件ばかりであり、ヒラリーも、司会者たちも、この点では挑発には乗らなかった。

一方で激しい応酬となったのは、ヒラリーの「電子メール疑惑」である。私的なメールサーバを使用した問題、またその際に電子メールを消去した問題に関しては、司法省の結論は出ているにもかかわらず、トランプは執拗に追及を続けた。そして、自分が大統領になったら「特別検察官」を任命してヒラリーを追及するというのである。

ちなみに、このトランプの「特別検察官の任命」というのは、いかに司法制度に関して無知であるかを示している。アメリカの司法長官（アトーニー・ジェネラル）は、日本で言う法務大臣と検事総長を兼ねた権限を持っている。司法長官は、閣僚の1人であるから、仮に大統領などの政府高官が捜査対象になった場合には、利害相反に陥る。つまり自分で自分のボスの捜査をしなくてはならなくなるからだ。

そこで議会の権限で「特別検察官」が任命されるのである。現職の大統領や副大統領を、独立して捜査するためだ。ということは、仮にトランプが大統領になった場合には、ヒラリーは「タダの人」になるので、特別検察官は必要ない。そもそも任命することもできない。

そんなことはおかまいなく、トランプはヒラリーを訴追すると息巻いて、最後に捨てゼリフのように「牢屋にブチ込んでやる」と言い放ったのだった。これにはメディアからは一斉に反発の声が上がった。大統領選を戦った相手を逮捕するとか投獄するというのは、まるで途上国の独裁政治家のようだというのである。たしかに米国の大統領選のシーンとしては何とも異例なことだった。

1つの救いは、この「最低最悪のTV討論」と言われる90分間の最後に、有権者の1人が登場して粋な質問をしたということだ。それは「お互いにポジティブな点を認めるとしたら何か？」というものだった。

まずヒラリーは、「トランプ本人はともかく、子どもたちは立派だ」と述べて、その場を何とか救った。すると、トランプはヒラリーの発言に対して謝意を述べた上で、「ヒラリーの凄いところは、絶対にギブアップしないことだろう」と述べたのである。この最後のやり取りがあったお陰で、何とか討論としての体裁が整った。開始前とは打って変わって、トランプとヒラリーは握手をして討論を終えたのだった。

そんな先のことは分からない

では、この後、選挙戦は再び正常化するのであろうか？

その点に関しては予断を許さない。とにかく、共和党の司令塔と言うべき下院議長が「支持を撤回」したというのは深刻だし、「女性蔑視発言」が明るみに出て以降の本格的な世論調査の数字はまだ出ていない。既に「節税疑惑」を反映して、世論調査の数字は雪崩《なだれ》を打ってヒラリーの方に流れており、これに「女性蔑視発言」の影響が上乗せされるとどんなことになるのかは、想像を絶する。

現時点で、重点の中道州のうち、フロリダは完全にヒラリー優位に変わり、トランプの最後の牙城と言うべきオハイオでも、調査によってはヒラリーが優位というデータが出始めた。そんな中、同時選挙となる議会の候補たちの動揺が余りに激しくなれば、土壇場で「ペンス候補へスイッチ」をすべきではという案も、出たりしている。

その一方で、メディアは「より過激なトランプ失言」のビデオや音声を必死になって探しているとも言われている。ヒラリーの電子メールに関しては、ウィキリークスが更なる暴露を匂わせており、こちらも無視はできない。

次のTV討論は9日後の19日に予定されているが「そんな先のこと」については、それまでに「何が起こるか分からない」というのが正直な感想である。

「トランプ現象」の黒幕はメディア

2016/10/18

「芸能人」としての知名度

一連のトランプ現象とその崩壊劇については、アメリカのメディア業界が生み出したという考え方が一番しっくりくるように思う。まず、メディアはこのドナルド・トランプという人物を、80年代から一種の奇人変人として芸能人扱いし、トランプはそれによって知名度を得てきた。それが一連のすべてのストーリーの原点にある。

トランプは、20世紀末までは、稀代のプレーボーイとして3回の結婚と2回の離婚をし、そのたびにメディアに話題を提供していた。そして趣味と言ってもいい「ミスコンテスト」主催者として、常に「美女たち」に囲まれた存在であったのは、紛れもない事実だ。時代の趨勢によって「ミスコンはよくない」という批判を浴びると、これに対して激しく居直るキャラとしても有名であった。

21世紀になると、これに「リアリティー・ショー」司会者という「履歴」が重なることになる。2004年からNBC系列で放映されている『ジ・アプレンティス（実習生）』という番組がキッカケで、トランプは当初からプロデューサーに名を連ねている。おそらくアイディアもカネも出していたのではないかと思われる。

2004年から2015年まで、足掛け12年にわたって自身が出演するだけでなく、娘のイヴァンカや、長男のドン・ジュニアなども登場させた。番組は成功し、トランプが毎回発する「お前はクビだ（You are fired!）」という一言は流行語になったぐらいだ。その結果、トランプはハリウッドの「名声の歩道」に「星」を獲得するほどの評価、というか、とりあえず芸能人としてのステイタスを得たのである。

そうした一連の「芸能活動」は、結果的に「トランプ・ブランド」の知名度向上に大変に役立った。そして、主だったものだけでも4回の「企業破産」を経験する中、近年では「手持ちの資金でホテルやカジノを建てる」のではなく、「トランプ」の名を冠したビジネスを多角化して外注し、場合によってはライセンス料を取ったり、ロイヤリティを稼いだりというビジネスにシフトしていたのである。

大統領選が人気コンテンツになった

そのトランプが、2015年6月に突如大統領選への出馬を表明した。その時点で完全に「芸能ニュース」だったのだが、そこから先が一気だった。トランプがほとんど思いつきで口にした「保護主義、製造業ノスタルジー、中東への不介入、イスラム文化の忌避、不法移民とヒスパニックへの忌避、年金や保険の保証」といった、「過去には禁じられていたパッケージ」が大受けすると、メディアは一斉にその流れに乗っていったのである。

そこにはまず、視聴率というファクターがある。トランプ現象は、通常の年には数百万世帯の桁であった「予備選のTV討論や党大会」の視聴数を、一桁違う数千万単位に押し上げたのだ。要するに大統領選という「ショー」が、スーパーボウルのようなコンテンツ価値を持ってしまったのである。その結果、TV局に転がり込むケーブル視聴料や広告収入が、ますます「メディアのトランプびいき」を加速したと言っていいだろう。

トランプ「びいき」というと語弊があり、コアのファンがいる一方で、常識的なアメリカ人からすれば、トランプは「眉をひそめる」対象である。要するにメディアがトランプを持ち上げても叩いても話題になり、視聴率につながるということになる。

接戦になればなるほど儲かるテレビ局

トランプとメディアの相関ということでは、視聴率とは別にもう1つのファクターがある。それはアメリカの選挙が文字通りの金権選挙だということだ。金権といっても、ワイロめいた怪しいカネが飛び交うのではなく、公明正大に支持者から集めた献金で、その中身はガラス張りではある。問題はほぼ無制限にカネを集めて、無制限に使うことが可能だということだ。各候補は支持団体として「スーパーPAC」というNPOを設立する。「スーパーPAC」は、ほぼ無制限に政治献金を集めることができるだけでなく、寄付者に対しては、その寄付が課税所得から控除される。これが、無制限にカネを集めることができるカラクリだ。

そして、その資金は主として、テレビ・コマーシャルとして選挙運動の重要な「武器」になる。たとえば今回の選挙戦においては、大統領選として飛び交ったカネは20億ドル以上になると言われている。TVをはじめとしたメディアにとっては、選挙イコール五輪のような「かきいれどき」ということになるわけだ。

ところがここに問題がある。それは、選挙戦が僅差であればカネが飛び交うのだが、大差がついてしまうと、もう広告を打つ必要がなくなってしまう。ヒラリー陣営の方は、そのほとんどが個人献金だから、仮に大差でリードしていてカネを投下する必要がなくても、資金は使い切ってしまう必要がある。だが、問題はトランプの方で、彼は寄付金を積極的に集めることをせず、自分のカネでやっている。そのため、負けそうな州に関しては「CM枠購入をキャンセルする」という動きも見せている。

これはメディアとしては「マズい」。そうなると、本稿を書いているちょうど今日のCNNのように、「いやいや中道州の戦いはまだまだ僅差」だとか、「スキャンダルでもトランプのコア支持者の動揺は軽微」だとかいう、いい加減な報道に走ることになる。

スキャンダルというカードをいつ切るか

もちろん、うがった見方をすれば、こうした一連の「トランプ現象」というショーは、民主党側がコッソリ仕組んだものであって、結果的にヒラリー陣営としては「政策論争を回避した結果、就任後の政策の自由度を確保」した、などという見方をすることは、可能は可能である。だが、どんな選挙戦も、実際にはかなりのガチンコ勝負であって、ヒラリー陣営として「勝ち過ぎないよう操作している」というのは、陰謀論としても、あまり当たっていないだろう。

したがって、第2回TV討論前という微妙な時期に、「女性蔑視発言」や「不適切行為」などといった一連のスキャンダルが出てきた、その黒幕はやはりメディアだと思われる。ネタとしてはずっと以前から仕込んであって、それをタイミングを見計らって出してきたというのが一番当たっているのではないだろうか。

そのタイミングであるが、1つは3回あるTV討論や、投開票から逆算しての日付を計算しているということがあるだろう。もう1つは、ウィキリークスのジュリアン・アサンジュが「ヒラリー関係のメールや公文書の爆弾を投票直前に暴露するぞ」と脅迫する中、実際、「ゴールドマン・サックス投資銀行社でのヒラリーの秘密講演」などが暴露されており、こうした

「ヒラリーのマイナス材料」が出そうなタイミングで、トランプに関係した材料を出してくる、そうした計算をしてやっているということが考えられる。

「トランプ現象」を生み出したのも潰したのも、黒幕はＴＶを中心とした大手メディアであり、基本的に「選挙戦を盛り上げつつ」「最後にはヒラリーが勝つように」という計算で、手持ちのスキャンダルのネタという「カード」をタイミングを見計らって切っている。そのような理解をするのが一番しっくり来るように思われる。

第3回TV討論、トランプは挽回できたか？

2016/10/21

やっと行われた政策論争

第2回TV討論で「女性蔑視発言」の釈明に追われたトランプは、その後ジリジリと支持率を下げ続けた。さらに共和党の主要な政治家たちからも不支持を突きつけられ、ますます追い詰められた。

そんな中で、トランプは突如、「この選挙は不正に操作されている」と言い出した。たとえば17日のツイートでは、「大規模な不正が投票日にも、その前にも行われている。共和党の指導部が気が付かないのはあまりにもナイーブだ」と述べて、大問題になった。

一見すると「いつもの暴言」であり「炎上商法」のようにも見える。だが、この発言は一線を越えたものとして受け止められている。下手をすると「アメリカの民主主義」への信頼を否定するものであり、ゲームを戦いながらそのゲームのルールを批判するという自己矛盾でもあるからだ。

アメリカの場合、国の大統領を選ぶ選挙であっても、各州における大統領選挙の管理は、それぞれの州の州法である公職選挙法に則っている。だから、全国を単位として、このような批判を行うことは、誤りという以前に、州の自治権の冒瀆《ぼうとく》ですらある。

たとえば、2000年の大統領選挙の際には、フロリダ州での開票をめぐって、ブッシュ陣営とゴア陣営が激しく対立し、1枚1枚の投票用紙を「再集計」した上で、争いは連邦最高裁まで持ち込まれた。だが、このときは、あくまでフロリダという1つの州の問題であったし、何よりも最終的に、ゴア陣営は結果を受け入れている。

また、選挙制度に関しては、一部の州で有権者の身分証明を厳格化することが、運転免許証を持たない貧困層や有色人種の選挙権を侵害しているという論争があるのは事実だが、トランプの指摘したいことは、それとも違うようだ。

別の機会には「マスコミが選挙を操っている」という言い方もしているので、もしかしたら一連の「女性蔑視発言」批判に対する、見当違いの「ブチ切れ」をしているということなのかもしれない。

さすがにこの問題は見過ごせないということで、例えば選挙戦の「同志」である、副大統領候補のマイク・ペンス・インディアナ州知事は、「負けたら結果を受け入れるのは当たり前」だとして、トランプの発言を否定。長女のイヴァンカもこれに同調するなど、陣営内の不協和音も露見していた。

そんな中で、第3回、最終のTV討論を迎えた。司会役はFOXニュースのクリス・ウォーレスだった。ウォーレスは、全体を6つのパートに分け、両候補の話が脱線すると、そこに割り込んで厳しく注意するなど「強権発動」もしながら、巧妙に討論を進めていた。

その結果として、第1回、第2回と比較すると、政策論争として一応の格好はついていた。冒頭では「最高裁判事の選任」をどうするかということで、いわゆる中絶論争を戦わせ、さらに軍事外交問題では、ちょうど現在進行形であった「ISIS支配のモスル奪回作戦」や「シリアのアレッポ危機」に関する突っ込んだ討論も行われた。

「選挙制度への不信」発言は致命傷になるか

そんな中、討論の最後の部分で、ウォーレスはトランプに対して丁寧にこう聞いたのである。

「ここ数日間、あなたは支持者集会などで、選挙が歪められているという主張をしています。これに対してはペンス副大統領候補や、娘さんのイヴァンカ氏などは、自分たちは結果を受け入れるとしていますが、この場でお尋ねしたい。あなたは選挙結果を受け入れますか？」

これに対してトランプは「そのときになったら、よく確認して決める」と敗北を認めないことを示唆した。司会のウォーレスはさらに、「平和的に選挙結果を受け入れて相手を祝福し、国の団結を維持するのがアメリカの伝統と思いますが、どうですか？」という念押しをした。

するとトランプは、「とにかく、自分はそのときに決める。どうなるか、さあ、お楽しみに」と不敵にも挑戦的な姿勢を見せてしまった。

これは、単に選挙戦のライバルであるヒラリー陣営への挑戦だけでなく、司会者であるウォーレス、そして共和党の多くの政治家、さらにはアメリカの選挙制度への挑戦とも取れる発言だった。

ちなみに、討論から一夜明けた支持者集会でトランプは、「自分は選挙結果を完全に受け入れる」としておきながら「ただし、それは自分が勝った場合だ」と言い放ち、「負けた場合は、疑わしい点を徹底的に追及する」として、完全に居直っていた。

それとは別に、討論の中でヒラリーのことを「ムカつく女だ (nasty woman)」という表現で非難したという部分も問題になった。通常は公的な場では使わない下品な言葉だからだ。そう言えば、この第3回でも討論会の最初にも最後にも全く握手を交わさないなど、極めて異常な雰囲気のまま、すべての討論が終了した。

保守派の一部からは、政策討論の部分でトランプが優勢だったという声も上がっているが、特にこの「選挙制度への不信」を述べたことで、中間派からは完全に見放された、したがって、トランプは劣勢挽回に失敗したという評価が固まったと言ってよいだろう。

たとえば、直後に行われた討論の勝敗に関するCNNの簡易世論調査では、52％がヒラリー勝利、トランプ勝利は39％と差がついている。また、一夜明けた翌朝のTV各局は一斉に、「『選挙制度に挑戦』したことで、トランプは支持を失った」と報じている。

「ヒラリー第2メール疑惑」が突如浮上

2016/11/4

「仮の話」のさらに「仮の話」

大統領選は投票まで1週間を切った。一部の世論調査では、全国レベルでのトランプ候補の支持率がヒラリー候補を1%上回ったとか、接戦の中道州で形勢が逆転しているという報道が出ている。

この現象が「FBI問題」の影響であるのは明らかだ。10月28日にFBIのジェームズ・コミー長官は議会に対して書簡を送り、「ヒラリー・クリントンのメール問題」について再捜査をすると宣言した、これが「第2のメール疑惑」としてメディアで大きく取り上げられた。

だが、「第2の疑惑」と言っても、ヒラリーのメールサーバの問題でもないし、ヒラリーの送受信したメールのことでもない。実際は、ヒラリーの選対副本部長を務めるフーマ・アバディーンという女性がおり、そのアバディーンの現在別居中の夫アンソニー・ウィナーのPCについて捜査令状が出たので、調査するという話に過ぎない。

ウィナーには未成年者に対して性的なツイートをした容疑がかかっており、その「事件」のためにPCが押収されている。ヒラリーとどんな「つながり」があるのかと言えば、1つにはウィナーが夫人のアバディーンとしていた「夫婦のメールやチャット」の中に、アバディーンのボスであるヒラリーの「疑惑」に関する証拠が「出るかもしれない」という、「仮の話」がある。

もう1つは、ウィナーのPCをアバディーンが共用していた（彼女は否定）かもしれず、そうなるとヒラリーとの秘密のメールが出てきて「疑惑もみ消し」の証拠が「発見できるかもしれない」という、さらに「仮定の話」がある。

いずれも全く仮定の話であるし、そもそもヒラリーとは別人の、しかも別の事件の証拠としてのPCの調査という話に過ぎない。5万通のメールを発見というのも、ウィナーのものだ。

直前の大量CMで潤うメディア

では、そこまで分かっているのに、どうしてこの材料にメディアは飛びついたのだろうか。また、FBIのコミー長官は、どうしてこの時点で発表したのだろうか。ちなみに、コミー長官の発表は、選挙の直前に選挙を歪めるような捜査を「してはならない」というアメリカの慣習に違反しており、オバマ大統領も怒っている。

まず、メディアの方だが、メディアは基本的にはリベラルなスタンスのところが多い。保守色の強いFOXニュースにもトランプへの反発があり、各TV局の本音は「反トランプ」だ。にもかかわらず、この時点で「一方的なアンチ・ヒラリー報道」に走っているのには、2つ理由が考えられる。

1つは、両陣営のうち特にトランプ側への「TVコマーシャル」の営業という問題だ。支持者からの政治献金ではなく、自分の資金を投下しているトランプの場合、予算はある。そこで「僅差」を演出すればあらためて「CMの注文」が出る、そんな業界事情があったのだろう。結果的にトランプは「勝機あり」と見たようで、激戦州でのCMを大量注文しており、総額で2500万ドル（約26億円）が新たに発注されたという。

もう1つは、トランプが「税金逃れ＋女性蔑視」で支持率を落としたままであると、同時選になる共和党の議員団が劣勢になるという問題だ。「反トランプ」ではあっても元来は保守系のメディアにとっては、これは望ましいことではない。こちらも効果があったようで、一時は「上院の過半数を民主党が奪還」という声があったのだが、ここへ来て「共和党の過半数維持」という説が出てきている。

最後の最後まで異常だった選挙戦

では、FBIのコミー長官の方はどうだろう。元共和党員で、自らもそれを公言していたコミー長官は、「共和党議員団に加勢する」ために書簡を送ったという「確信犯説」もあるが、同時に、万が一後日、「決定的な発見」つまり「ヒラリーのスキャンダルの証拠」が出たときに非難を受けないように、選挙前のこの時点で「捜査している」ことをアリバイ的に言っておきたかったという説もある。

さらには、この先の投票日直前に「今度はトランプ側のスキャンダルを出す」予定で、そのために一方的と言われないようにヒラリーの材料を出したという見方もある。だが、その場合は、ますます違法性が強くなるであろうし、さすがにそうなると途上国の怪しい選挙のようになってしまうから、この点は時間切れと見た方がよいだろう。

勝敗の行方だが、28日の「第二メール問題」が出る前に、非常に多くの有権者が事前投票を済ませており、ヒラリー優位は動かないという見方が一般的だ。だが、トランプは「事前投票した人も州によっては投票のやり直しができる」（これは法的には事実）というキャンペーンをやっており、まだ「大逆転」の可能性はあるとしている。

それはともかく、一連の騒動でヒラリーの集票力に影響が出たのは事実だ。このままで行くとヒラリーの勝利が「僅差」となることで「新政権の政治的資産」が減る、という解説もある。ただ、この点に関しては、以前から「不人気度」の高い候補というイメージがあるヒラリーの場合は、それほど変わりはないという考え方もできる。

そんな中、トランプの投下した26億円分を含めて、アメリカのTVは両陣営の中傷合戦で埋め尽くされている。トランプ側は「ヒラリーは嘘つき」だというキャンペーン、そしてヒラリーの側は「トランプの暴言をピー音つきで」流している。双方ともにそれだけで「どぎつい中傷広告」であるのに、最後に候補者本人まで出てきて、「私はこのメッセージを承認しました」ということになっているのは、見ていて胸が悪くなる感じだ。

こんなことでは、どっちが勝っても、「相手の勝利を讃え、新政権の発足への協力を約束する」というアメリカ伝統の「敗北宣言」は見られそうもない。何から何まで異常であった今回の大統領選は、大詰めに来てさらにその異常度を増している。

記録として付け加えるのであれば、「トランプ対ヒラリー」という筋書きのないドラマは、第3回TV討論では終わらなかった。最後のエピソードとして触れた「FBIによるヒラリーのEメール再捜査声明」の後、ヒラリーの支持率は一気に低下する。さらにその10日後、「容疑はシロ」という声明が出されると、ヒラリー陣営には安堵が広がると共に、FBIのコミー長官には様々な批判が浴びせられた。そして、ヒラリーの支持率が再び上昇する中で、投票日を迎えたのである。

「投票日直前」のヒラリー「第2メール疑惑」については、これが勝敗を左右した陰謀だという声もある。だが、ここまでお読みいただいた読者の方々には、もうお分かりだろう。ヒラリーの敗因は、そのような単純なものではなかった。選挙戦を通じて様々な形で現れていた多くの、そして根深い理由があり、その敗因は、イコール「トランプの勝因」として多角的に分析されなくてはならないと考える。

多くの議論が開始されているが、本書の中でも触れた、「知的労働だけが尊敬される先進国モデル」が否定されたという問題、そして否定された「非知性の名誉」の側からの静かな異議申し立てがあったという問題は、21世紀の文明論上の課題として、計り知れない難しさと重要性を持っているように思われる。

この点については、本書の最後に筆者として、読者の皆さまと共に引き続き考えていくべき宿題として問題提起をしておきたいと思う。

というのは、こうした「非知性の名誉奪還」というセンチメントは、もっと悪用できるということだ。

私はトランプ次期大統領を当選させた今回の「現象」に、ファシズムと呼ぶべき破壊衝動や歪んだ劣等感があるとは思えない。結果的にトランプ政権は、実務型の保守政権に向かうであろうし、既にその兆候は色濃く出てきている。だが、この「非知性の名誉」という問題を、より巧妙に求心力として使いながら、ファシズム的なダークサイドの運動の旗を振る人間は、アメリカだけでなく、21世紀の世界のどこかで必ず出てくるだろう。

そのときに「知性」はどうすればいいのだろうか？　これは21世紀に生きる私たちに突きつけられた宿題である。

模範解答を書くのはそれほど難しくはない。

複雑な現代の諸問題に取り組むだけの情報の理解力と判断力という、紛れもない知性を有しつつ、庶民の様々な不安感情にも寄り添い、信用を勝ち取り、対話を続け、敬愛され、しかしその信頼を悪用しない、そのような指導者を育てて選べばいい……。

たしかに答案を書くのは簡単だ。だが、そうした人物を育てて選ぶことには、気の遠くなるような難しさがある。

BREXIT（英国のEU離脱）などによって直接民主制の弱点が暴露された現在、有能であり、敬愛され、しかも高潔な指導者による間接民主制があらためて消去法として残った。他に選択肢はないのである。

ドナルド・J・トランプという人物は、果たしてそのような指導者になれるのだろうか。本書としては、そこまでの予測は控えたいと思う。だが、1980年、今から36年前に、同じように「俳優出身のタカ派に何ができる？」という疑問の声に囲まれつつ就任したロナルド・レーガンが、有能なブレーンを見事に活かして政権を成功させたように、その可能性はあるということは申し上げておきたいと思う。

同時に、落選したヒラリー・クリントンが敗北宣言の中で、若い女性を中心とした「次世代の育成」について言及したことにも、1つの希望を見る思いがしている。

私は、今回の米大統領選の投開票日を日本で、いくつかの番組に出演し、多くの方々と語り合う中で過ごした。選挙後の比較的短期間にこうして考え方を整理することができたのには、その際議論をご一緒した諸兄姉に刺激をいただいたという要素も大きい。この日ご一緒した順に、お名前を記して謝意を表したいと思う。

堀潤、水道橋博士、鈴木款、西山喜久恵、荻上チキ、南部広美、前嶋和弘、神保哲生（敬称略）

また本書の成立に当たっては、幻冬舎の見城徹氏と小木田順子氏に、ひとかたならぬご尽力をいただいた。選挙戦についてヴィヴィッドな記録を残しつつ、選挙直後にそれをまとめて一冊の本にするという企画については、正直申し上げて、最初は試行錯誤的な感触を持っていたのも事実だ。だが、結果的に意義深い出版として実現できたことは何にも勝る喜びである。

２０１６年11月中旬　帰米便の機上にて

冷泉彰彦

［初出］
メールマガジンＪＭＭ連載「ｆｒｏｍ９１１／ＵＳＡレポート」、
週刊メルマガ「冷泉彰彦のプリンストン通信」、
『ニューズウィーク日本版』連載「プリンストン発　日本／アメリカ新時代」、
『幻冬舎plus』連載「アメリカ大統領選・現地レポート」、
『ＷＥＢＲＯＮＺＡ』『ＡＥＲＡ』への寄稿を改稿・再編集

著者略歴

冷泉彰彦
れいぜいあきひこ

一九五九年東京生まれ。
米国ニュージャージー州在住。作家・ジャーナリスト。
プリンストン日本語学校高等部主任。
東京大学文学部卒業。コロンビア大学大学院修士（日本語教授法）。
福武書店（現ベネッセコーポレーション）勤務を経て九三年に渡米。
メールマガジン『ＪＭＭ』（村上龍編集長）で連載中の
「ｆｒｏｍ９１１／ＵＳＡレポート」は連載七〇〇回を超える。
週刊メルマガ（有料）「冷泉彰彦のプリンストン通信」配信中。
著書に『民主党のアメリカ　共和党のアメリカ』（日本経済新聞出版社）、
『「反米」日本の正体』（文春新書）、
『「上から目線」の時代』（講談社現代新書）等がある。

幻冬舎新書 445

トランプ大統領の衝撃

二〇一六年十一月二十五日　第一刷発行
二〇一六年十一月　三十　日　第二刷発行

著者　冷泉彰彦
発行人　見城　徹
編集人　志儀保博

発行所　株式会社　幻冬舎
〒一五一―〇〇五一　東京都渋谷区千駄ヶ谷四―九―七
電話　〇三―五四一一―六二一一(編集)
〇三―五四一一―六二二二(営業)
振替　〇〇一二〇―八―七六七六四三

ブックデザイン　鈴木成一デザイン室
印刷・製本所　中央精版印刷株式会社

Printed in Japan　ISBN978-4-344-98446-2 C0295
れ-1-1

幻冬舎ホームページアドレス http://www.gentosha.co.jp/
＊この本に関するご意見・ご感想をメールでお寄せいただく場合は、comment@gentosha.co.jp まで。